P9-ARV-380

Dieta sana contra el cáncer

Dra. Clare Shaw • Recetas de Sara Lewis

Grijalbo

Título original: *Cancer. Food, Facts & Recipes*

Primera edición en 2005 en Reino Unido por Hamlyn,
una división de Octopus Publishing Group

© 2005, Octopus Publishing Group Limited
© 2009, Random House Mondadori, S.A., por la presente edición.
  Travessera de Gràcia, 47-49. 08021 Barcelona
© 2009, Juan Manuel Ibeas, por la traducción

Quedan prohibidos, dentro de los límites establecidos en la ley
y bajo los apercibimientos legalmente previstos, la reproducción
total o parcial de esta obra por cualquier medio o procedimiento,
ya sea electrónico o mecánico, el tratamiento informático,
el alquiler o cualquier otra forma de cesión de la obra sin la
autorización previa y por escrito de los titulares del *copyright*.
Diríjase a CEDRO (Centro Español de Derechos Reprográficos,
http://www.cedro.org) si necesita fotocopiar o escanear algún
fragmento de esta obra.

Los valores nutritivos se dan por ración. En caso de varias raciones
(p. ej. 6-8 raciones) el valor nutritivo se refiere a la primera.

Las personas con alergia a nueces deben evitar las recetas que
contienen nueces o sus derivados, y personas debilitadas deben
evitar comer platos que contienen huevos poco cocidos o crudos.

Fotocomposición: Compaginem

ISBN: 978-84-253-4300-1

Impreso y encuadernado en China

GR 42001

sumario

introducción

Todos sabemos que lo que comemos puede influir en nuestra salud de muchas maneras. Ahora hay datos que parecen confirmar que lo que comemos influye en nuestras posibilidades de desarrollar un cáncer.

El cáncer es una enfermedad que todavía infunde miedo en los corazones y las mentes. Sin embargo, con los avances en el diagnóstico y tratamiento, en los países occidentales ahora sobreviven muchas más personas y mueren menos de cáncer que de enfermedades cardiacas. En los últimos años, los científicos han estado prestando atención al desarrollo del cáncer y sus posibles causas. Han identificado algunos factores de nuestro modo de vida que, aunque no lo causan directamente, pueden aumentar o disminuir el riesgo de desarrollarlo.

La historia del cáncer y su relación con la dieta es tan fascinante como compleja. Este libro explica concisamente cómo y por qué las células de nuestro cuerpo se vuelven cancerosas, e indica qué alimentos conviene evitar y cuáles pueden protegernos y reducir el riesgo de cáncer. Si se siguen sus consejos, se adoptará una dieta con alto contenido de vitaminas, minerales y otros compuestos bioactivos, y las recetas se han formulado expresamente para poder seguir las indicaciones. Hay desde ricas golosinas repletas de antioxidantes hasta inspirados platos principales de todas partes del mundo y deliciosos pasteles y postres.

Casi ningún cáncer tiene una sola causa, y sería ingenuo y erróneo decir «coma X, el ingrediente mágico, y no tendrá usted cáncer». Pero la dieta se ha identificado como un posible factor que contribuye a un tercio de los cánceres, así que comer alimentos adecuados puede ayudar a reducir el riesgo de desarrollar cáncer es ahora una posibilidad real para todos nosotros.

«Hay estudios que demuestran
que las mujeres que siguen
una dieta sana pueden reducir
el riesgo de cáncer en un 22 %.»

Las recomendaciones de este libro van dirigidas a personas sanas que deseen reducir el riesgo de desarrollar un cáncer. No se aplican a personas que padecen cáncer y, por desgracia, hay muy pocas investigaciones que nos indiquen la dieta ideal para evitar un cáncer recurrente o el desarrollo de nuevos cánceres.

Si usted ha seguido un tratamiento contra el cáncer, hable con su médico para decidir si esta dieta es adecuada para usted. El tratamiento, ya sea cirugía, radioterapia, quimioterapia o alguno de los nuevos tratamientos experimentales, puede dejarle a uno sin apetito. En estas circunstancias puede darse el riesgo de malnutrición. Durante el tratamiento es importante no perder peso, y la dieta recomendada en este libro puede no resultar adecuada si uno ha perdido peso sin querer y no se siente con ganas de seguir una dieta normal. Sin embargo, si usted ha completado con éxito un tratamiento contra el cáncer, tiene buen apetito y es capaz de seguir una dieta normal, las recomendaciones que aquí se dan pueden ser adecuadas.

¿qué es el cáncer?

Todas las partes de nuestro cuerpo están formadas por células agrupadas, que componen desde la sangre y la piel hasta los músculos y órganos. Las células no duran eternamente, y se sustituyen constantemente al dividirse y multiplicarse. Las células que pierden el control de los procesos normales y empiezan a multiplicarse descontroladamente pueden formar un bulto o tumor.

Replicación celular

El sistema de información de la célula no sólo le indica de qué tipo de tejido u órgano debe formar parte, sino también cuándo y cómo reproducirse. Se encuentra en el ADN y los genes del núcleo de la célula. Si este sistema se estropea o se altera, pueden pasar tres cosas:

- ☐ Las células pueden reparar el daño antes de multiplicarse.
- ☐ Pueden morir (las células están programadas para morir si el ADN se deteriora de manera irreparable).
- ☐ Si no ocurre ninguna de estas dos cosas, cualquier daño o mutación en el ADN y las proteínas puede transmitirse a nuevas células, formándose un grupo de células anormales. Esto puede ser el principio de un cáncer.

«No es raro que se formen células anormales en el cuerpo. Por lo general, estas células mueren antes de poder multiplicarse.»

No todos los tumores son cancerosos. Un crecimiento no canceroso, es decir, un tumor benigno, puede desarrollarse más despacio y es menos probable que cause problemas, a menos que se haga muy grande y presione algún órgano del cuerpo. En general, cuando los tumores benignos se extirpan, no suelen volver a crecer. Un tumor maligno es el que está formado por células cancerosas. Estos tumores son peligrosos porque pueden crecer muy deprisa y extenderse por el cuerpo.

Como el cáncer puede darse en cualquier parte del cuerpo, existen muchos tipos diferentes, que presentan una amplísima gama de síntomas, y cada uno puede necesitar un tratamiento específico.

Cómo se extiende el cáncer

El sitio primario es la parte del cuerpo en la que se forma el primer tumor; pero cuando las células cancerosas se multiplican, pueden invadir los órganos y tejidos próximos, afectando a su funcionamiento. También pueden extenderse a otros tejidos o lugares; en este caso se trata de tumores secundarios o metástasis. El lugar al que lleguen las células cancerosas puede depender de la posición del cáncer primario.

Las células cancerosas pueden difundirse por la corriente sanguínea o el sistema linfático, que, como el sistema de circulación de la sangre, tiene una red de tubos que recorren el cuerpo, recogiendo sustancias de los tejidos y haciéndolas circular por el cuerpo.

Cuando se forma un cáncer en tejidos como la médula ósea, las células cancerosas pueden pasar directamente a la corriente sanguínea, en lugar de formar un tumor definido. Este tipo de cáncer se llama sistémico y puede viajar con mucha rapidez.

«A medida que progresan las investigaciones, sobreviven al cáncer más personas que nunca.»

¿qué causas tiene el cáncer?

Además de factores básicos como la edad y el sexo, la posibilidad de desarrollar un cáncer depende del equilibrio de muchos factores, que pueden variar según el tipo de cáncer.

Causas ambientales

Hay ciertos compuestos, los llamados cancerígenos, que pueden causar cáncer. El más conocido es el humo del tabaco. Otros son el sol, la radiación, el amianto y el tabaco de mascar. Debido a estos factores ambientales, los tipos de cáncer más comunes varían muchísimo en las diferentes partes del mundo. Uno de estos factores es la dieta: lo que comemos puede hacernos daño, o protegernos.

Genes

Algunos cánceres, como el de colon o el de mama, pueden ser genéticos. Esto no significa que todos los miembros de la familia desarrollen el cáncer, pero sí que corren más *riesgo* que la población general. Se está trabajando mucho en este campo, y en el caso del cáncer de mama se han identificado los genes concretos relacionados con este mayor riesgo (se llaman BRCA1 y BRCA2). No obstante, conviene tener en cuenta que los cánceres causados por estos genes representan menos del 5 % del total de cánceres de mama.

«El cáncer es más frecuente en personas mayores, pero existen factores ambientales que pueden contribuir a su formación.»

Infecciones víricas

Algunos virus pueden producir una alteración del material genético de las células, que se vuelven más susceptibles de generar un cáncer en el futuro. Estas infecciones, que tienden a influir más en los países desarrollados, incluyen el virus HPV de las verrugas genitales (cáncer del cuello del útero), el de la hepatitis B (cáncer de hígado) y, en China, el virus de Epstein-Barr (cáncer naso-faríngeo, es decir, de la zona detrás de la nariz). También se ha observado que el cáncer es más frecuente en personas con problemas en su sistema inmunitario, como las que toman drogas que inhiben el sistema inmunitario o las enfermas de sida.

Incidencia del cáncer

Algunos tipos de cáncer son mucho más comunes que otros. Se llama «tasa de incidencia» al número anual de personas a las que se diagnostica un nuevo cáncer. Así se sabe qué tipos de cáncer van en aumento, cuáles disminuyen, cuáles son comunes y cuáles son raros. Aunque oímos hablar con frecuencia de niños y jóvenes con cáncer, estadísticamente son las personas mayores las que tienen más probabilidades de padecerlo. Cada vez se diagnostica un cáncer a más personas, pero estas siguen un tratamiento eficaz y pueden vivir con la enfermedad.

CÁNCERES COMUNES EN LOS PAÍSES DESARROLLADOS
(en orden decreciente de incidencia)

Mama

Pulmón

Intestino grueso (colon y recto)

Próstata

Vejiga

Estómago

Linfoma no Hodgkin

Cabeza y cuello

Esófago

Páncreas

Melanoma maligno

Leucemia

Ovarios

Riñón

Útero

Cerebro

Mieloma

Cuello del útero

dieta y cáncer

Existe mucha información contradictoria acerca de la dieta y el cáncer, y por eso es importante conocer un poco cómo se realizan los estudios, para poder tomar decisiones propias acerca de lo que afirman.

«Se cree que aproximadamente una tercera parte de los cánceres puede estar relacionada con la dieta.»

Lo que nos dice la investigación

Muchas de las primeras teorías sobre la relación entre la dieta y el cáncer se pusieron a prueba en laboratorios y con animales. Proporcionaron pistas importantes, pero muchas sustancias reaccionan de diferente manera según se usen en los seres humanos y en los animales o bien en un tubo de ensayo. Además, no es prudente suponer que las relaciones encontradas en los animales se aplican de igual manera a los humanos. La mejor información es la que se obtiene estudiando seres humanos.

Tipos de estudios

Los *estudios epidemiológicos* observan lo que come la gente en relación con la incidencia del cáncer, y dado que los hábitos dietéticos varían enormemente, permiten obtener muchísima información sobre la influencia de la dieta en la salud.

Los *estudios con emigrantes* aportan información útil sobre factores dietéticos y genéticos. Cuando los japoneses emigraron a Hawai, por ejemplo, sus pautas dietéticas cambiaron, y con ellas su propensión a ciertos tipos de cáncer. A medida que la dieta tradicional japonesa se iba occidentalizando, aumentaron las tasas de cáncer de mama y de colon.

Estos estudios demuestran, además, que el ambiente, y no sólo la constitución genética del individuo, es un factor influyente.

Los *estudios de casos control* investigan las relaciones que se pueden deducir al comparar las dietas de pacientes de cáncer con las de personas que no padecen cáncer. Estos estudios suelen dar mejores resultados cuando existe una gran diferencia entre uno y otro tipo de personas.

Los *estudios de cohortes* observan la salud y la dieta de personas sanas durante largos períodos de tiempo, para ver si existe alguna diferencia entre las dietas de quienes desarrollan cáncer y las dietas de quienes no lo desarrollan.

Los *estudios de intervención* analizan los resultados de una dieta o complemento particular, utilizando un grupo de control al que no se le suministra la dieta o complemento en cuestión. Por supuesto, desde el punto de vista ético, no se debería exponer a nadie a sustancias que se crea que aumentan el riesgo de cáncer, de modo que estos estudios se refieren a nutrientes concretos que, al parecer, protegen contra el cáncer. Los experimentos «a ciegas por partida doble», en los que ni los investigadores ni los sujetos saben a qué grupo pertenecen, aportan los resultados más fiables.

Algunos estudios indican una relación entre la dieta y el cáncer, mientras que otros aportan resultados más concluyentes. Cuando las pruebas tienen suficiente peso, organizaciones prestigiosas como el Fondo Mundial para la Investigación del Cáncer y la Organización Mundial de la Salud publican directrices para ayudar a la gente a cambiar de dieta.

SEPARAR EL GRANO DE LA PAJA

La validez de los resultados de los estudios puede depender de factores como:

Cómo se han realizado los estudios: en seres humanos, animales o células en un laboratorio

El rigor de las pruebas: ¿Tenían las personas sometidas a estudio muchas características similares, o se podían introducir demasiadas variables en la ecuación?

Fiabilidad del registro: ¿Dependían las cifras, por ejemplo, de lo que la gente recordaba haber consumido hace mucho tiempo?

influencias de la dieta

Hace años que los estudios científicos vienen estableciendo interesantes correlaciones entre las diversas dietas y los cánceres.

☐ La incidencia de ciertos cánceres, en especial el de estómago y el de intestino, ha aumentado a medida que el procesamiento de alimentos a gran escala ha ido sustituyendo en nuestra dieta muchos de los cereales integrales, legumbres y raíces por harina blanca y cereales y azúcares refinados.

☐ Los cánceres de estómago y esófago son mucho menos comunes en los países donde la dieta típica incluye muchos cereales, tubérculos y alimentos ricos en almidón —que muchas veces aportan la mitad de las necesidades energéticas—, pero es baja en proteínas animales (carne y productos lácteos). En los países desarrollados, las dietas suelen incluir muchas proteínas animales, azúcar y sal, pero poco almidón.

☐ La incidencia del cáncer de estómago es mayor en los países donde tradicionalmente se comen muchos alimentos salados; por ejemplo, Japón, China y Portugal.

☐ En los países del sur de Europa, se suelen consumir más frutas y verduras que en los países nórdicos, y la incidencia de cánceres de boca y garganta, esófago, pulmón y estómago es más baja en el sur.

«El procesamiento de alimentos a gran escala ha sustituido a muchos de los cereales integrales, legumbres y raíces de nuestra dieta.»

¿Cómo puede influir la dieta en el desarrollo del cáncer?

Una célula dañada necesita replicarse para llegar a formar un conjunto de células cancerosas (véase p. 6). Algunas sustancias de nuestra dieta pueden favorecer el proceso de replicación y facilitar el cáncer, o bien frenarlo y proteger contra el cáncer.

Agentes cancerígenos

Estos agentes pueden influir directamente en el ADN o las proteínas de las células. Entre ellos se encuentran las aflatoxinas, que se encuentran en la comida enmohecida (véase p. 25) y en ciertos compuestos producidos por algunos métodos de cocinado y de procesamiento de alimentos (véase p. 26).

Promotores de tumores

A diferencia de los cancerígenos, los promotores de tumores no actúan directamente sobre el ADN, pero estimulan los genes y favorecen la replicación. Algunas hormonas pueden actuar de esta manera y, aunque el cuerpo las produce de manera natural, la dieta puede afectar al nivel de estrógenos en el cuerpo (véase p. 22). Otros promotores de tumores son el alcohol y una dieta rica en grasas o altamente energética, que puede favorecer la producción de sustancias nocivas, como los radicales libres. Se cree que los radicales libres influyen en la desorganización del ADN.

No obstante, aunque podemos introducir en nuestros cuerpos elementos nocivos por medio de la dieta, también existen nutrientes que pueden protegernos.

«Los cánceres de estómago y esófago son mucho menos comunes allí donde la dieta típica incluye muchos cereales, tubérculos y alimentos ricos en almidón.»

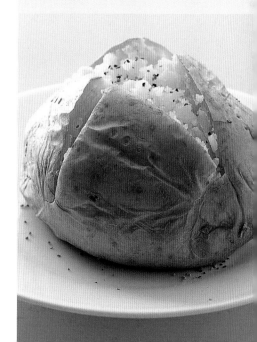

nutrientes protectores

Muchos alimentos contienen sustancias protectoras que pueden reducir los daños causados en los tejidos por los radicales libres (véase p. 13) o limitar el crecimiento celular.

«Ciertos nutrientes pueden retardar o frenar el crecimiento de tumores.»

Antioxidantes
Los antioxidantes participan en el mantenimiento y reparación del ADN y las células. Reducen la producción de radicales libres, evitan daños prematuros en las células y reducen así la posibilidad de que se vuelvan cancerosas. En la dieta, pueden estar en forma de vitaminas como la C y E o minerales como beta-caroteno y el selenio, o hallarse en los flavonoides de las verduras (véase p. 15).

Fitoestrógenos
Similares a los estrógenos, los fitoestrógenos son mucho más débiles que los estrógenos producidos por el propio cuerpo. Se dividen en dos grupos: las isoflavonas y los lignanos. Estos se hallan en la fibra; aquellas, en la parte proteínica de los alimentos. La tabla de la página siguiente incluye ejemplos con fitoestrógenos.

Otros compuestos bioactivos
Muchos alimentos beneficiosos para la salud tienen funciones que no dependen de las vitaminas y minerales que contengan. En experimentos de laboratorio, por ejemplo, los extractos de ajo han matado a la *Heliobacter pylori*, una bacteria que puede crecer en el estómago y que incrementa el riesgo de cáncer. También los compuestos de azufre del ajo y las cebollas pueden reducir la formación de compuestos cancerígenos derivados de la curación de carnes (véase p. 20).

VITAMINAS Y MINERALES	FUNCIÓN POSITIVA	FUENTES
Carotenoides Son precursores de la vitamina A; incluyen el alfa-caroteno, el beta-caroteno, las cantofilas (la principal es la luteína), el licopeno y la criptoxantina.	Antioxidante	Verduras con hojas verde oscuro, hortalizas y frutas anaranjadas. LUTEÍNA: berza, espinacas, brécol, maíz LICOPENO: tomates, sandías, pomelo rosa, guayaba CRIPTOXANTINA: mangos, papayas, caquis, pimientos rojos, calabazas
Folato (ácido fólico)	Antioxidante; puede afectar a la división celular en el colon	Judías, verduras de hojas verdes, hígado, frutos secos, cereales integrales
Selenio	Estimulación de enzimas desintoxicantes	Nueces de Brasil, pan, huevos, pescado, carne
Vitamina C (ácido ascórbico)	Antioxidante	Brécol, coles y otras verduras de hojas verdes, frutos cítricos, mangos, pimientos, fresas, tomates
Vitamina D	Puede controlar el crecimiento celular debido a su efecto en el calcio	Luz solar
Vitamina E	Antioxidante	Frutos secos, semillas, aceites vegetales, germen de trigo, granos integrales

OTROS COMPUESTOS BIOACTIVOS	FUNCIÓN POSITIVA	FUENTES
Compuestos del ajo (que contengan azufre)	Estimulan las enzimas desintoxicantes	Cebollinos, ajo, cebollas
Flavonoides (p. e., quercetina)	Función antioxidante en la planta	Bayas, habas, brécol, cebollas, tomates
Isotiocianatos	Estimulan las enzimas desintoxicantes	Brécol, coles de Bruselas, coles en general
Fitoestrógenos (isoflavonas y lignanos)	Pueden alterar el metabolismo de las hormonas esteroides	ISOFLAVONAS: judías, garbanzos, lentejas, soja LIGNANOS: Semillas oleosas (linaza, soja, colza), legumbres, verduras y frutas, en especial bayas y granos integrales
Esteroles vegetales	Pueden unirse a las hormonas en el intestino e influir en el metabolismo de las hormonas	Cereales, frutas, frutos secos, semillas, verduras
Terpenoides (p. e., D-limoneno)	Estimulan los sistemas enzimáticos	Aceite de limón, naranja y otros frutos cítricos

alimentos ricos en almidón y proteínas

GUÍA PARA UNA PORCIÓN

Cereales y pasta

2 cucharadas de arroz cocido
  (ración mediana = 2 porciones)

80 g de pasta o fideos cocidos
  (ración mediana = 3 porciones)

ración pequeña de gachas
  (ración normal = 2 porciones)

5 cucharadas de muesli

2 cucharadas de cebada cocida

Pan

2 rebanadas medianas de pan integral

1 bollo integral

2 rollitos integrales pequeños

3 rebanadas de pan de centeno

2 bagels

½ pan naan

1 chapatti grande

1 pan de pita pequeño

Legumbres

3 cucharadas de lentejas, alubias
  o guisantes cocidos

2-3 cucharadas de garbanzos cocidos

3 cucharadas rasas de hummus

Otros

½ patata mediana al horno

1 boniato o batata medianos

1 plátano mediano

½ banana (NOTA: siempre deben
  comerse cocidas)

Estos alimentos, que deberían formar la base de nuestra dieta, incluyen cereales y hortalizas.

Los alimentos feculentos y las proteínas vegetales son ricos en nutrientes que pueden proteger contra el cáncer:

- ☐ fibra (polisacáridos distintos del almidón)
- ☐ vitaminas (sobre todo vitaminas B)
- ☐ carotenoides (en los boniatos y ñames)
- ☐ folato (en las legumbres)
- ☐ vitamina E (en cereales integrales)
- ☐ vitamina C (en patatas y legumbres, pero véase también p. 18)

Muchos investigadores consideraban al principio que la fibra era el componente más importante de los cereales integrales, pero parece que lo principal puede ser la combinación de todos los nutrientes. Por lo visto, comer cereales refinados no protege contra el cáncer, así que conviene elegir granos que no hayan perdido la cascarilla y el germen durante el procesamiento.

En las partes del mundo donde se consume una dieta rica en cereales integrales, legumbres, raíces y tubérculos, se suele comer menos carne, grasas, azúcar y sal. Parece que este equilibrio ayuda a reducir la incidencia de los cánceres de estómago, colon y recto. Además, este tipo de dieta aporta menos energía, por lo que es una buena manera de controlar el peso (véase p. 28). Una dieta monótona que no incluya verduras hace aumentar el riesgo de cáncer de esófago.

Las proteínas vegetales son una alternativa a la carne y el pescado. Consuma más legumbres, como alubias y lentejas, y frutos secos y semillas para añadir sabor, textura y variedad.

Cómo sacar el máximo partido al almidón y las proteínas vegetales

Conviene comer de 600 a 800 g diarios, o siete porciones, de alimentos vegetales feculentos y ricos en proteínas (véase página anterior). Es importante que la dieta feculenta sea variada, para ampliar la gama de vitaminas y minerales: ¡un gran cuenco de arroz moreno dos veces al día no es la solución! Estos alimentos son voluminosos y hacen que uno se sienta lleno y reduzca de manera natural la ingestión de grasas, carne y azúcar, lo que altera el equilibrio de cada comida.

+ Añada legumbres a los pucheros y estofados.

+ Utilice harina y copos de avena para añadir textura al pan hecho en casa o para recubrir los bollos.

+ Siempre que sea posible, elija cereales integrales: es preferible el pan moreno o integral al blanco.

+ Un cuenco de muesli con un plátano troceado aporta dos porciones para empezar el día.

+ Añada a los salteados un puñado de frutos secos (nueces, por ejemplo).

+ Eche en las ensaladas semillas tostadas de sésamo o calabaza.

Maneras sencillas de incluir más de estos alimentos…

verduras y frutas

GUÍA PARA UNA PORCIÓN

1 manzana mediana

3 albaricoques secos

5 cucharadas de brotes de judía

2 ramas de brécol

3 cucharadas colmadas de col en tiras

3 cucharadas colmadas de zanahoria en tiras

un trozo de pepino de 5 cm

1 cucharada colmada de pasas

3 cucharadas colmadas de ensalada de fruta

½ pomelo

1 naranja o 2 mandarinas

3 cucharadas colmadas de guisantes o judías verdes

½ pimiento fresco

ensalada verde

Las dietas con muchas verduras y frutas suelen ser ricas en vitaminas, minerales y compuestos que ayudan a proteger contra el cáncer (véanse pp. 14-15), sobre todo de boca y faringe, esófago, pulmón, estómago, colon y recto, y puede que también de páncreas, mama y vejiga. Es difícil determinar qué cantidad de estas sustancias necesita el cuerpo para protegerse de las enfermedades; pero eligiendo una amplia variedad de frutas y verduras, se aumentan las posibilidades de ingerir más sustancias de este tipo.

¿Qué y cuánto?

Para sacarle el máximo provecho a la dieta, se ha de procurar comer cinco o más porciones al día, lo que equivaldría a 400-800 g de verduras y frutas cada día, todos los días del año. Elija verduras y frutas de temporada para tener más vitaminas y minerales y añadir variedad a la dieta.

☐ Las hortalizas feculentas, como las patatas, boniatos y ñames, pueden ser importantes en la dieta (véase p. 16), pero no cuentan para las cinco porciones diarias de fruta y verdura.

☐ Las legumbres no contienen tantas vitaminas como otras hortalizas; sólo se debe comer una porción al día.

☐ El zumo de fruta se cuenta como una sola porción, porque no contiene fibra.

+ Un vaso de zumo de fruta por la mañana ayuda a empezar bien el día. Pero tenga cuidado con los sucedáneos de zumo, porque no son cien por cien zumo de fruta.

+ Refuerce la ingestión de verduras comiendo un plato vegetariano una vez a la semana.

+ Prepare deliciosos batidos de frutas; a diferencia del simple zumo, contienen toda la fibra de la fruta.

+ Si necesita tomar un bocado entre comidas, tome frutas pasas. Pruebe algunas de las menos corrientes, como arándanos rojos o agrios.

+ Añada color y nutrientes a las ensaladas de hojas con tiras de pimiento rojo, zanahoria cruda o remolacha.

Maneras sencillas de incluir estos alimentos...

carne, pescado y huevos

La carne, el pescado y los huevos nos aportan proteínas, vitaminas y minerales; pero la dieta occidental típica depende en exceso de estos alimentos, en detrimento de las féculas y verduras.

CARNES Y PESCADOS PROCESADOS

Curados: En la producción de beicon, jamón, salmón o arenques salados, se utilizan nitratos y nitritos que protegen la carne o el pescado contra la acción de las bacterias. También dan a las carnes procesadas su característico color rosado. En el estómago, los nitritos se pueden transformar en nitrosaminas, que se sospecha que son cancerígenas.

Ahumados: Las carnes y pescados ahumados contienen hidrocarburos aromáticos policíclicos procedentes de la combustión de la leña. Los estudios con seres humanos no han podido demostrar categóricamente que aumenten el riesgo de cáncer, pero los experimentos con animales han suscitado preocupación. Los alimentos ahumados suelen estar también salados, lo que puede representar un riesgo adicional de cáncer de estómago.

La carne curada o ahumada sólo se debe consumir de vez en cuando.

Carne roja

El consumo excesivo de carne roja puede aumentar el riesgo de cáncer colorrectal y, posiblemente, de páncreas, mama, próstata y riñón. No está claro de qué manera influye el consumo de mucha carne roja y carnes procesadas en el riesgo de cáncer colorrectal, pero en parte podría estar relacionado con la ingestión de grasas. Limite la ingesta de carne roja a menos de 80 g diarios; si come más, restablezca el equilibrio con días sin carne.

Aves de corral

La carne de aves de corral no parece estar relacionada con el aumento del riesgo de padecer ningún tipo de cáncer, de modo que podría ser una buena alternativa a la carne roja.

Pescado

El pescado puede ayudar a proteger contra cánceres de colon, recto, mama y ovarios. Sin embargo, no se sabe si esto se debe precisamente al pescado o a que este sustituye a la carne en la dieta. Los estudios sobre el cáncer de mama parecen indicar que los ácidos grasos omega 3 de los pescados grasos pueden reducir el crecimiento de células cancerosas en los animales. No hay pruebas suficientes para poder recomendar los aceites de pescado como protección específica contra el cáncer de mama, pero en general son recomendables en la dieta.

Huevos

Como los huevos no parecen guardar una relación estrecha con el riesgo de cáncer, pueden ser una buena alternativa a las carnes como fuente de proteína.

+ Si come carne roja, elija carne magra, en lugar de productos cárnicos procesados.

+ Los pescados grasos, como el salmón y las sardinas, son una buena elección y se cocinan de manera fácil y rápida.

+ Pruebe carne de animales no domesticados o criados con libertad de movimientos, como el venado o el conejo.

+ El pescado blanco tiene muy poca grasa; anímelo con una costra de estilo mediterráneo (véase p. 82).

+ El pollo es una de las carnes más adaptables; compre aves criadas con libertad de movimientos, pues tienen más y mejor sabor.

Maneras sencillas de incluir estos alimentos...

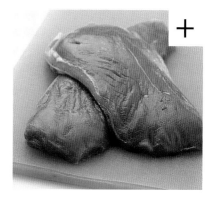

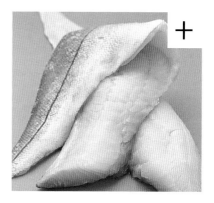

grasas y aceites

Algunos informes sugieren que una dieta rica en grasa puede aumentar el riesgo de cáncer de colon, recto, mama, próstata y pulmón.

¿NECESITAMOS GRASAS?

Nuestros cuerpos son incapaces de elaborar algunos ácidos grasos imprescindibles, que obtenemos de los aceites de semillas vegetales. El cuerpo sólo necesita pequeñas cantidades, y estas se pueden obtener fácilmente con una dieta baja en grasas. (Estos ácidos grasos imprescindibles no se encuentran en los aceites vegetales que han sido completamente hidrogenados, aunque muchas margarinas suaves los contienen.)

Los productos lácteos contienen principalmente grasas saturadas, que también son una buena fuente de calcio, necesario para la formación de los huesos; y los aceites del pescado graso son beneficiosos en la dieta en general, aunque no se ha demostrado que protejan contra el cáncer.

Reducir el consumo de grasas, en especial de las saturadas, es un consejo sensato para la salud en general, pero como protección directa contra el cáncer no existen pruebas sólidas. Se ha estudiado mucho si la grasa en la dieta incrementa el riesgode cáncer de mama, pero no hay pruebas concluyentes. Los estudios que miden las hormonas femeninas (estrógenos) no han demostrado que existan cambios de nivel cuando las mujeres siguen una dieta con mucha grasa; es posible que la grasa actúe a través de la obesidad (véase p. 28).

Maneras de reducir el consumo de grasas:
- ☐ Evite las comidas muy grasas, en especial con grasas animales, y tome menos postres y salsas cremosos.
- ☐ Evite los bocaditos muy grasos, como las patatas fritas, las frituras en general, los frutos secos salados y el chocolate.
- ☐ Consuma carne magra y quite la piel al pollo.
- ☐ Utilice grasas no saturadas, pero modere el consumo de grasas en general.
- ☐ Reduzca la cantidad de aceite o grasa que use para cocinar, y elija grasas monoinsaturadas (p. e., aceite de oliva) siempre que sea posible.
- ☐ Elija productos lácteos bajos en grasa para obtener calcio sin un exceso de grasas saturadas.
- ☐ Mire en las etiquetas de las margarinas para elegir las que contienen ácidos grasos *cis*, y evite las grasas *trans*.

Grasas positivas

Con sencillos cambios en la dieta se puede reducir la ingestión de grasas y limitarse a las mono e insaturadas.

+ Utilice frutos secos machacados o aguacate, en lugar de emulsiones cremosas, para aliñar las ensaladas verdes.

+ Experimente con un spray de aceite y agua: pruébelo, por ejemplo, en filetes magros de cerdo, acompañándolos con verduras al vapor y patata al horno para que el plato sea más sano.

+ Moje las brochetas en aceite de oliva con ajo, en lugar de usar mantequilla.

Maneras sencillas de incluir estos alimentos...

+

TIPOS DE GRASAS Y ACEITES	ORIGEN	FUENTE
Saturadas	Principalmente animal, pero también aceites de coco y palma; tiende a ser sólido a temperatura ambiente	Mantequilla, manteca, queso, grasa de la carne
Poliinsaturados	Principalmente de origen vegetal; tiende a ser líquido a temperatura ambiente	Pescados grasos, aguacate, frutos secos, aceite de colza, alazor, girasol y aceites de grano
Monoinsaturados	En el pescado y en algunas semillas y frutos secos	Aceite de oliva; también otros aceites poliinsaturados
Hidrogenados Hay dos modalidades: grasas *trans* y ácidos grasos *cis* (una forma natural preferible a la *trans*)	Producido por un proceso químico que solidifica un aceite líquido; la estructura química alterada puede afectar a su reacción en el cuerpo	Se usa en alimentos procesados, tales como margarinas, galletas, bollos y pastas

sal

Un exceso de sal en la dieta incrementa el riesgo de cáncer de estómago. Se da sobre todo en países como China, Japón y Hawai, donde son muy populares el pescado salado y los encurtidos.

ALIMENTOS CON MUCHA SAL:

Jamón y beicon

Queso

Salsas y sopas preparadas

Patatas fritas y similares

Pescado salado y encurtidos

Es probable que la sal no sea cancerígena, pero puede dañar la pared del estómago. Cuando las células se multiplican para reparar el daño, la actividad extra puede aumentar las posibilidades de formación de células cancerosas. Además, la lesión puede dejar la pared del estómago vulnerable a los cancerígenos.

No sólo añadimos sal a la comida al cocinarla, sino que muchos alimentos industriales (bocaditos, pasteles, salsas embotelladas, etc.) contienen grandes cantidades de «sal oculta». Procure limitar la ingesta total a menos de 6 g al día.

sugerencias

☐ Lea atentamente las etiquetas y reduzca la ingesta de alimentos procesados.

☐ Limite el consumo de alimentos particularmente salados.

☐ Recuerde que la sal marina contiene la misma cantidad de cloruro de sodio que la sal de mesa.

☐ Utilice hierbas y especias en lugar de sal para realzar el sabor de la comida.

alcohol

Si le gusta el alcohol, disfrute de una o dos unidades al día con la comida, y evite las juergas alcohólicas. Los factores importantes son la manera de beber y la cantidad consumida. Las bebidas menos concentradas, como la cerveza y el vino, son preferibles a las destiladas.

Las bebidas alcohólicas aumentan el riesgo de varios cánceres, como los de boca, faringe y laringe, esófago e hígado. También quienes desarrollan cirrosis alcohólica tienen más probabilidades de cáncer de hígado. Se ha demostrado que el alcohol aumenta el riesgo de cáncer de mama, que es proporcional a la cantidad bebida cada día. No se sabe cómo funciona esto, pero es posible que influya en los niveles de hormonas. Además, el alcohol puede aumentar el riesgo de cáncer de colon y recto, y se lo ha relacionado con problemas cardiacos y apoplejías.

Su efecto se intensifica en los fumadores, sobre todo en los cánceres de boca y garganta.

¿CUÁNTO ES «UNA COPITA»?

1 copa pequeña (125 ml) de vino del 8 %
= 1 unidad

1 copa (140 ml) de champagne del 10 %
= 1½ unidades

1 copa grande (175 ml) de vino tinto
del 12 % = 2 unidades

600 ml de cerveza de barril del 3 %
= 1½ unidades

600 ml de cerveza del 5 %
= 3 unidades

600 ml de cerveza fuerte (6 %)
= 3½ unidades

600 ml de sidra seca = 2 unidades

60 ml de jerez = 1 unidad

30 ml de licores destilados = 1 unidad

sugerencias

☐ Limite la ingestión diaria de alcohol a menos de dos unidades para los hombres y una para las mujeres.

☐ Compruebe el contenido alcohólico de las bebidas para calcular su consumo.

☐ Amplíe su gama de bebidas no alcohólicas; tome deliciosos zumos y sorbetes de frutas.

☐ Impóngase un día sin alcohol cada semana.

calidad máxima

El grado de frescura de la comida y la manera de cocinarla influyen mucho en su valor nutritivo y en su eficacia como protección contra el cáncer.

Frescura

Las vitaminas y los minerales contenidos en las verduras y frutas comienzan a deteriorarse en cuando se cosechan. La exposición a la luz, el calor y la humedad pueden reducir aún más el valor nutritivo.

Si están mal almacenados, los alimentos pueden ser una fuente de contaminación bacteriana o fúngica. Se ha relacionado, por ejemplo, el cáncer de hígado con el consumo de alimentos contaminados con aflatoxinas producidas por los hongos *Aspergillus flavus* y *Aspergillus parasiticus*, que crecen en los cacahuetes. La contaminación empieza antes de hacerse visible, de modo que los alimentos aparentemente «limpios» pueden estar ya intoxicados.

Carne y pescado asados

La carne y el pescado asados a temperaturas muy altas —en especial, sobre llamas— pueden producir aminas aromáticas heterocíclicas, que son cancerígenas en los animales y tal vez actúan de manera similar en los humanos. Por eso se recomienda asar con moderación y, siempre que sea posible, evitar la carne socarrada y los jugos de la carne.

Verduras y frutas

El calor destruye algunos nutrientes, y también se pierden algunos por lixiviación en el agua. Por eso, las frutas y verduras han de cocinarse durante poco tiempo; hornear y cocer al vapor es mejor que hervir para conservar las vitaminas y minerales.

«Los alimentos frescos suelen contener vitaminas y minerales beneficiosos para la salud.»

No prepare las verduras con mucha anticipación, porque se pierden las vitaminas en la superficie cortada y expuesta al aire.

Al comer frutas y verduras crudas, se pierde un mínimo de nutrientes. Muchas son sabrosas de esta manera, pero hay excepciones. Algunos alimentos, como las alubias rojas, contienen toxinas naturales que han de destruirse cocinando a temperaturas suficientemente altas.

sugerencias

- ☐ Compre sólo alimentos que parezcan frescos y no hayan llegado a su fecha de caducidad.
- ☐ Evite las frutas y verduras dañadas, que atraen más fácilmente a los mohos.
- ☐ Busque productos locales y de temporada; habrá pasado menos tiempo desde la cosecha.
- ☐ Guarde las frutas y verduras en un lugar fresco y oscuro, y revíselas periódicamente para desechar las que tengan golpes o manchas.
- ☐ Guarde por separado los alimentos cocinados y los crudos; las bacterias de la carne cruda morirán al cocinarla, pero podrían migrar a la comida cocinada y multiplicarse.
- ☐ Si un alimento presenta señales de moho, tírelo todo, no se limite a cortar la parte afectada.
- ☐ Tire los alimentos que sepan «raro» o resulten anormalmente amargos.

MICROONDAS

Cocinar en microondas puede ayudar a preservar los nutrientes de las verduras y frutas, ya que se utiliza un mínimo de agua. Como sucede con otros métodos, evite la cocción excesiva, que destruiría algunas vitaminas.

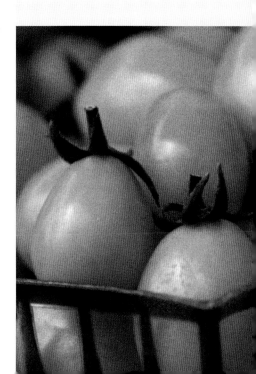

peso y ejercicio

La obesidad puede incrementar de varias maneras el riesgo de padecer cáncer de endometrio, riñón y, probablemente, colon. Al ganar mucho peso, se aumenta la replicación celular, con lo que crecen las posibilidades de cáncer. Además, una persona con sobrepeso tiene más grasa corporal en la que almacenar cancerígenos químicos. Otro factor puede ser el aumento de la producción de hormonas.

CÓMO CALCULAR EL ÍNDICE DE MASA CORPORAL

Apunte su peso en kilos

Apunte su altura en metros

Haga la siguiente operación con una calculadora: peso (kg) ÷ altura (m)^2

El resultado es el índice de masa corporal.

18,5-25	normal
más de 25	sobrepeso
más de 30	obesidad

Si le preocupa algún aspecto de su salud o su peso, consulte con su médico o dietista.

Mujeres: menopausia y cáncer de mama

En las mujeres posmenopáusicas, la obesidad aumenta el riesgo de cáncer de mama aproximadamente un 50 %. Pero ¿por qué? Podría deberse a su efecto sobre los niveles hormonales en el cuerpo. Después de la menopausia, las mujeres siguen produciendo hormonas en la grasa, así que las obesas podrían producir mayores cantidades. Se ha demostrado, por ejemplo, que las mujeres altas están más expuestas al cáncer de mama posmenopáusico, debido tal vez a la mayor exposición a las hormonas durante toda su vida.

La obesidad no hace aumentar el riesgo de cáncer de mama en las mujeres premenopáusicas, pero lo más probable es que una premenopáusica obesa se convierta en una posmenopáusica obesa; el exceso de peso representa un riesgo en toda mujer adulta.

Se cree que la misma explicación hormonal se puede aplicar a las mujeres con cáncer de endometrio, aunque en este caso la relación con la obesidad se da tanto en las pre como en las posmenopáusicas.

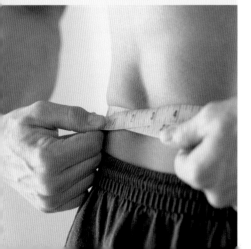

Ejercicio

Aunque no sea estrictamente una recomendación dietética, existe una relación entre la inactividad física y el exceso de peso, y se calcula que esta combinación causa entre un quinto y un tercio de algunos de los cánceres más comunes, como el de mama (posmenopáusico), el de colon y el de endometrio.

Si uno ingiere habitualmente más energía (en forma de alimento) que la que gasta, ganará peso. A medida que nos hacemos más sedentarios y adoptamos dietas de alta energía, la obesidad se hace más común. Esto se nota sobre todo en las poblaciones occidentales.

Las personas con trabajos activos no tienen tanta necesidad de planificar el ejercicio; pero si su nivel de actividad es bajo, procure caminar a buen paso una hora cada día. Haga un ejercicio más vigoroso durante una hora cada semana. Si no está seguro de cuánto ejercicio puede hacer, consulte a su médico.

«Procure caminar a buen paso al menos una hora cada día.»

sugerencias

- ☐ Los alimentos feculentos, las frutas y verduras llenan mucho y no aportan mucha energía.
- ☐ Reduzca el consumo de grasas (las animales y las vegetales contienen la misma energía).
- ☐ Si tiene sobrepeso, procure cambiar de dieta para siempre. Esto le ayudará a mantener bajo su peso.
- ☐ Reduzca el tamaño de las raciones, pero aumente la variedad de lo que come.
- ☐ Haga más ejercicio.

respuestas a algunas preguntas

¿Son mejores las frutas crudas que las cocinadas?
▶

Algunas vitaminas se destruyen durante el almacenamiento y al cocinar, de modo que las verduras y frutas crudas o muy poco cocinadas suelen contener más vitaminas. Sin embargo, cocinar puede facilitar la absorción de las vitaminas: el cuerpo absorbe mejor el caroteno de las zanahorias cocidas, por ejemplo.

¿Es buena idea la dieta vegetariana/ vegana?
▶

Las dietas estrictamente vegetarianas que sólo incluyen unos pocos alimentos básicos no suelen ser sanas porque pueden carecer de la energía necesaria y de proteínas, vitaminas y minerales. La variedad es importante. Las recomendaciones internacionales para una dieta sana que proteja contra muchos tipos diferentes de cáncer no proscriben una modesta cantidad de proteína animal, pero insisten en favorecer los cereales, las frutas y las verduras.

¿Son más sanos los alimentos ecológicos?
▶

No existen datos consistentes que demuestren que los alimentos ecológicos son necesariamente más nutritivos, aunque mucha gente los prefiere porque considera que saben mejor o por proteger el ambiente. El contenido nutritivo de los alimentos que comemos depende de muchos factores, como las condiciones de cultivo, la variedad o raza, el contenido de nutrientes del suelo y las condiciones de almacenamiento. Algunos nutrientes vegetales se deterioran con el tiempo después de cosecharlos, así que es importante consumir productos frescos. Esto se aplica tanto a los ecológicos como a los no ecológicos.

Si no consigo alimentos ecológicos, ¿cuáles he de escoger?
▶

Dado que es importante elegir alimentos frescos, ¿por qué no mirar si existe un mercado local de productores? Es más probable que los productos sean de temporada y no hayan estado almacenados mucho tiempo.

¿Son cancerígenos los alimentos genéticamete modificados?
▶

La influencia de la dieta en el riesgo de cáncer actúa durante un largo período, por lo general muchos años, y tiende a depender del equilibrio de varios alimentos, más que de algún alimento particular que cause el cáncer. Esto dificulta la valoración de los alimentos genéticamente modificados, ya que no se han estudiado durante el tiempo suficiente para saber si pueden influir para bien o para mal.

¿He de comer productos de soja?
▶

Los beneficios potenciales para la salud que se derivan del consumo de derivados de la soja han hecho que aumente el interés por ellos. También contienen unos compuestos vegetales llamados fitoestrógenos (véase p. 14). Aunque parece que existe una base teórica para su supuesto efecto protector contra los cánceres hormonales, no hay pruebas suficientes de que reduzcan el riesgo de cáncer de mama. Sin embargo, los productos de soja son sustitutos útiles de la carne y los lácteos, tanto para vegetarianos estrictos como para personas con intolerancia a la leche.

¿No puedo tomar una simple pastilla de vitamina para aumentar mi ingesta de antioxidantes?
▶

Las investigaciones para identificar vitaminas y minerales que puedan proteger contra el cáncer han descubierto también que el aspecto más importante de la protección es todo el alimento que contiene dichas vitaminas, no las vitaminas por sí solas. Hay estudios que demuestran que los complementos vitamínicos antioxidantes reducen el riesgo de ciertos cánceres en individuos mal alimentados, pero parece que no producen beneficio alguno si uno está bien alimentado. Aunque sería ideal que una «píldora mágica» antioxidante pudiera impedir el crecimiento de células cancerosas, la cosa no es tan fácil.

¿Son buenos o malos el café y el té?

▶

Aunque algunos de los primeros estudios sugerían una conexión entre el consumo de café y el cáncer de vejiga, las investigaciones posteriores no pudieron respaldar esta hipótesis. No obstante, conviene evitar las bebidas muy calientes, porque pueden dañar el esófago y elevar el riesgo de cáncer. Las investigaciones sobre la acción antioxidante de sustancias contenidas en el café y el té podrían resultar útiles en el futuro.

¿Es cierto que algunos alimentos pueden contener dioxinas?

▶

Las dioxinas son compuestos orgánicos que contienen cloro. Aunque se pueden producir de manera natural, casi siempre entran en la cadena alimentaria como subproductos de procesos industriales y de la incineración de residuos. Se sabe que las dioxinas son cancerígenas en los humanos, y la Organización Mundial de la Salud ha establecido un programa global para controlar la contaminación de alimentos. Dicho programa especifica las dosis máximas que no se han de superar.

Las dioxinas se disuelven en las grasas. Por lo tanto, se acumulan dentro del cuerpo y pueden tardar muchos años en descomponerse. Para reducir la exposición a las dioxinas, quite la grasa de la carne y elija productos lácteos bajos en grasa. Al cocinar los alimentos, se puede reducir su contenido de dioxinas, y con una dieta variada se evitará la exposición excesiva a una sola fuente.

¿Qué es un cocancerígeno?

▶

Un cocancerígeno es cualquier sustancia que, al combinarse con un cancerígeno, refuerza la actividad de este.

¿Pueden causar cáncer los aditivos?
▶

La mayoría de los alimentos procesados contiene conservantes, colorantes, emulgentes, estabilizadores o edulcorantes. Aquellos cuya toxicidad se ha demostrado, ya no se utilizan o están limitados. Algunos se han utilizado durante muchos años sin efectos secundarios aparentes y, en general, se consideran seguros. Parece que las normas tienen en cuenta las interacciones entre diferentes aditivos. Hasta ahora, los estudios dietéticos no han identificado ninguna conexión entre los aditivos y el riesgo de cáncer, pero se sigue estudiando al respecto. Utilizando ingredientes frescos siempre que sea posible, se reduce al mínimo la ingesta de aditivos.

¿No decían que el alcohol protegía contra las enfermedades cardiacas?
▶

Se ha demostrado que el alcohol provoca un pequeño aumento de la densidad del colesterol «bueno» en la sangre, efecto que también pueden producir otros factores como el ejercicio. Los estudios que indican que beber vino tiene un posible efecto beneficioso en el corazón sugieren que estos pueden deberse a los antioxidantes del vino, como los flavonoides. Pero no se puede descartar que estos resultados se deban a otros factores, como el ejercicio, comer más fruta y verdura o consumir menos grasas saturadas.

¿Significa esto que es bueno beber alcohol?
▶

El consumo excesivo de alcohol contribuye al aumento de las enfermedades cardiacas, apoplejías, algunos cánceres e hipertensión arterial. El consejo es el mismo para el cáncer y las enfermedades cardiacas: si bebe usted alcohol, beba con moderación.

Aparte de cambiar de dieta, ¿qué más puedo hacer para reducir el riesgo de cáncer?
▶

Aparte de la dieta, varios factores influyen en el riesgo de padecer cáncer:

- ☐ Deje de fumar y procure no ser fumador pasivo. El tabaco es la causa del 90 % de los cánceres de pulmón y contribuye a otros cánceres, como los de vejiga, riñón, útero, garganta y boca, esófago, páncreas y estómago.
- ☐ Evite la exposición a la luz ultravioleta de las lámparas bronceadoras y la exposición excesiva al sol.
- ☐ Adopte una vida sana, con actividad física.

¿Son cancerígenos los pesticidas utilizados en los alimentos?
▶

Los comités de expertos establecen criterios de seguridad para todos los pesticidas autorizados, basándose en pruebas científicas. Consumir alimentos que contengan residuos de pesticidas en niveles inferiores a los límites de seguridad no debería perjudicar la salud. No comer frutas y verduras sería mucho más peligroso para la salud que comer productos que contengan bajos niveles de residuos de pesticidas.

He oído que los alimentos muy cocinados, como los fritos industriales, contienen acrilamida, una sustancia muy cancerígena. ¿Es cierto?
▶

La acrilamida es un contaminante de la industria de la goma, pero también se forma en alimentos con mucho almidón, como las patatas fritas, los cereales y el pan cocinados a altas temperaturas. En experimentos con animales, se la identificó como una posible causa de cáncer, pero no se sabe en qué medida influye en el cáncer humano. Se necesitan muchas más investigaciones para poder responder a esta pregunta.

¿El hábito de fumar priva al cuerpo de vitaminas?
▶

Fumar reduce el nivel de vitaminas —sobre todo, de vitamina C— en la corriente sanguínea. Dejar de fumar puede hacer que mejoren los niveles de nutrientes, además de reducir el riesgo de cáncer.

¿Correré más riesgo de cáncer con una dieta para perder peso, alta en proteínas y baja en hidratos de carbono?
▶

Sí, podría ser. Todas las pruebas sobre las dietas protectoras indican que la dieta tiene que contener mucho almidón, frutas y verduras, con pequeñas porciones de proteína animal.

¿Comer productos lácteos causa cáncer?
▶

Las pruebas no son concluyentes. Por cada estudio que indica un aumento del riesgo de cáncer, hay otro que indica lo contrario. Elija productos lácteos con poca grasa, que pueden ayudar a reducir el riesgo de trastornos cardiacos.

Tengo un amigo que sigue una dieta muy sana, y aun así tiene cáncer.
▶

Por desgracia, en la vida no hay garantías. Creemos que las recomendaciones de este libro influirán en el riesgo de desarrollar ciertos cánceres. No todos los cánceres están influidos por la dieta. Son muchas las causas, conocidas y desconocidas, y estas recomendaciones sólo pretenden reducir el riesgo con una dieta sana y deliciosa.

¿Es esta dieta adecuada para mis hijos?
▶

Las recetas de este libro son adecuadas para niños, aunque estos quizá necesiten otros alimentos energéticos para crecer bien. Los niños han de consumir cantidades moderadas de productos lácteos, carne, pescado o alternativas como los huevos y las legumbres, para obtener vitaminas y minerales necesarios, como la vitamina D, el calcio y el hierro, para crecer. Incluya en la dieta frutas, verduras y cereales.

desayunos

Valores nutritivos

kilocalorías 245 (1020 Kj)

grasa 13 g

proteína 3 g

hidratos de carbono 30 g

Buena fuente de fibra

Preparación

20 minutos

Tiempo de cocción

30-35 minutos

Porciones

10

+ SUGERENCIA

Empiece el día con esta deliciosa barrita rica en fibra, que también aporta hierro, cinc y magnesio.

barras de muesli de dos pisos

Estas jugosas barritas de avena aportan la dulzura natural de su capa central de ciruelas pasas. Hágalas en el fin de semana y guárdelas en una lata de galletas para las mañanas de los días laborables, cuando tenga que desayunar deprisa.

150 g de margarina vegetal o mantequilla

75 g de azúcar mascabado claro

2 cucharadas de sirope dorado

75 g de harina integral

200 g de muesli, más 3 cucharadas para cubrir

3 cucharadas de germen de trigo

200 g de ciruelas pasas, picadas

1 Cubrir el fondo de un molde poco profundo de 20 cm de lado con papel de repostería no adherente, haciendo unos cortes en las esquinas para que se ajuste bien a la base y los lados.

2 Echar en una sartén la margarina o mantequilla, el azúcar y el sirope, y calentar suavemente hasta que se funda la grasa y se disuelva el azúcar.

3 Retirar la sartén del calor y añadir la harina, el muesli y el germen de trigo, removiendo. Con un cucharón, echar dos tercios de la mezcla en la base del molde empapelado y alisarla. Echar las ciruelas pasas picadas en una capa uniforme, y después cubrirlas con el resto de la mezcla de muesli y sirope.

4 Espolvorear por encima el resto del muesli seco y después meterlo en un horno precalentado a 180 ºC (marca 4), durante 25-30 minutos, hasta que quede de color pardo dorado. Dejar que se enfríe en el molde.

5 Sacar del molde el papel con la mezcla, cortar esta en diez barras, y envolver cada una en papel de aluminio o película. Se pueden guardar en una lata hermética hasta 4 días.

Valores nutritivos

kilocalorías 530 (2230 Kj)

grasa 15 g

proteína 16 g

hidratos de carbono 88 g

Buena fuente de vitamina E

Preparación

25 minutos

Tiempo de cocción

25-30 minutos

Raciones

6-8

 SUGERENCIA

La fruta seca aumenta el nivel de hierro en este sabroso pan rico en fibra, que también es una fuente moderada de calcio. Las linazas doradas contienen lignano, que se une al estrógeno del cuerpo.

pan de higos secos
y pipas de girasol

Este pan es delicioso para el desayuno de los fines de semana. Como la receta no incluye levadura, la masa se puede mezclar y hornear inmediatamente sin necesidad de hacerla subir antes, por lo que es un buen sustituto si no tenemos pan.

425 g de harina de trigo o cebada, más un poco para espolvorear

25 g de germen de trigo

50 g de semillas de girasol

25 g de linazas doradas

1 cucharadita de bicarbonato sódico

½ cucharadita de sal

125 g de azúcar mascabado claro

200 g de higos secos, partidos en trocitos

1 cucharadita de crémor tártaro

200 ml de leche semidesnatada

3 cucharadas de aceite de oliva

1 huevo, batido

1 Echar todos los ingredientes secos, menos el crémor tártaro, en un cuenco grande. Mezclarlos con los higos. Echar el crémor tártaro en la leche, removiendo, añadir el aceite y el huevo y mezclarlo todo. Este líquido se mezcla poco a poco con los ingredientes secos para hacer una masa blanda, pero no pegajosa.

2 Colocar la masa sobre una superficie ligeramente enharinada y darle forma de un círculo de unos 20 cm de diámetro.

3 Poner la masa en una bandeja de horno ligeramente engrasada. Hacer una gran incisión en forma de cruz y espolvorear un poco más de harina. Cocer en un horno precalentado a 200 ºC (marca 6), durante 25-30 minutos, hasta que suba bien y el pan suene a hueco al golpearlo con la punta de los dedos.

4 Envolver el pan en un papel de cocina para mantenerlo caliente y ablandar la corteza. Cortarlo en rodajas gruesas y servirlo caliente con mantequilla.

Valores nutritivos

kilocalorías 195 (815 Kj)

grasa 4 g

proteína 6 g

hidratos de carbono 35 g

Excelente fuente de vitamina C

Preparación

20 minutos

Tiempo de cocción

nada

Raciones

4

 SUGERENCIA

Un refrescante comienzo del día, repleto de vitamina C, que también contiene criptoxantina, un tipo de carotenoide. El queso fresco aporta calcio.

refrescante desayuno de tres frutas con crema de plátano

Haga la ensalada de frutas la noche anterior y guárdela en el frigorífico. Después, machaque el plátano y mézclelo con el queso fresco justo antes de servirlo como desayuno vitalizador.

1 pomelo rosa

3 naranjas

2 kiwis, pelados

1 plátano maduro

200 g de queso fresco

1 cucharada de miel clara

1 Cortar la parte superior y la inferior del pomelo con un cuchillo de sierra para ver el fruto. Quitar el resto de la cáscara y la médula. Sujetándolo sobre un cuenco, cortar entre las membranas para separar los gajos. Repetir el proceso con las naranjas.

2 Cortar el kiwi por la mitad y después en lonchas finas. Mezclarlo con los cítricos. Taparlo y refrigerarlo si se hace el día anterior.

3 Aplastar el plátano con un tenedor y mezclarlo con el queso fresco y la miel. Echar la ensalada de fruta en cuencos y servirla cubierta con la crema de plátano.

Valores nutritivos

kilocalorías 240 (1015 Kj)

grasa 6 g

proteína 12 g

hidratos de carbono 37 g

Buena fuente de calcio

Preparación

2 minutos

Tiempo de cocción

13-15 minutos

Raciones

2-3

+ SUGERENCIA

Estas gachas de granos aportan el equilibrio ideal de almidón (dos porciones) para empezar el día. Las frutas pasas aportan carotenoides y hierro.

gachas de granos variados

Estas gachas de granos variados pueden hacer que los escoceses alcen las manos horrorizados, pero es una manera sencilla de iniciar a todos los miembros de la familia en una mayor variedad de granos beneficiosos para la salud.

**450 ml de leche
semidesnatada**

25 g de granos de mijo

25 g de copos de cebada

25 g de avena

**PARA SERVIR
queso fresco**

azúcar mascabado

**frutas pasas, como
albaricoques y arándanos,
troceadas**

1 Echar la leche en una cacerola, hacerla hervir y añadir los granos.

2 Reducir el calor y cocer a fuego lento durante 8-10 minutos, removiendo de vez en cuando hasta que se espese y los granos se ablanden.

3 Servir en cuencos, cubrirlo con queso fresco, espolvorear un poco de azúcar mascobado y añadir las frutas pasas troceadas.

Valores nutritivos

kilocalorías 290 (1210 Kj)

grasa 14 g

proteína 5 g

hidratos de carbono 38 g

Buena fuente de vitamina E

Preparación

3 minutos

Tiempo de cocción

10-12 minutos

Raciones

6

SUGERENCIA

Los granos, semillas y frutos secos, que forman la crujiente cubierta de la fruta, y el yogur aportan un excelente equilibrio de alimentos con almidón.

granola con miel

Preparándose sus propios cereales para el desayuno, sabrá exactamente cuánto azúcar contienen. Esta crujiente cobertura para un desayuno de estilo americano se conserva bien en un tarro y está delicioso servido sobre frutas cortadas y yogur.

3 cucharadas de aceite de girasol

3 cucharadas de miel espesa

2 cucharadas de linaza dorada

2 cucharadas de semillas de sésamo

50 g de avellanas, partidas

50 g de copos de cebada

50 g de copos de centeno

50 g de copos de mijo

1 Calentar juntos el aceite y la miel en una cacerola. Después, echar los demás ingredientes, removiendo y mezclando bien.

2 Poner la mezcla en una bandeja de horno ligeramente engrasada y extenderla en una capa fina y uniforme. Cocer en un horno precalentado a 180 ºC (marca 4) durante 8-10 minutos, hasta que se ponga de color pardo dorado, removiendo la mezcla a la mitad del horneado para que los bordes tostados pasen al centro, y la mezcla más clara, a los bordes.

3 Dejar que la mezcla tostada se enfríe y guardarla en un tarro. Se puede guardar en un sitio fresco hasta dos semanas.

Valores nutritivos

kilocalorías 185 (780 Kj)

grasa 3 g

proteína 7 g

hidratos de carbono 35 g

Buena fuente de carotenoides

Preparación

20 minutos y enfriar

Tiempo de cocción

5 minutos

Raciones

4

 SUGERENCIA

Estos atractivos yogures de varias capas con sabores de fruta tienen poca grasa y son una buena fuente de calcio. Añadiendo zumo de naranja fresco, que tiene mucha vitamina C, se facilita la absorción del hierro de los albaricoques.

capas de albaricoque y yogur

Los azúcares naturales de la fruta endulzan estos yogures y proporcionan un comienzo del día sano y con minerales. El puré de albaricoque y naranja sirve también para untar en tostadas y rellenar pasteles.

150 g de albaricoques secos, y un poco más, cortado en tiras, para decorar

150 ml de agua hirviendo

el zumo de 1 naranja

250 g de yogur bio natural

2 cucharadas de germen de trigo

1 Poner los albaricoques y el agua en una cazuela pequeña, tapar y cocer a fuego lento durante 5 minutos hasta que se ablanden. Dejar enfriar 15 minutos.

2 Triturar los albaricoques en una licuadora con el zumo de naranja, hasta que el puré quede uniforme.

3 Mezclar en un cuenco el yogur y el germen de trigo, y añadir 2 cucharadas del puré de albaricoque para endulzar.

4 Repartir un tercio de la mezcla de yogur en platos de cristal. Cubrir con la mitad del puré de albaricoques y extenderlo con una cuchara hasta los bordes de los platos.

5 Cubrir con la mitad del resto de la mezcla de yogur, y después con lo que queda del puré de albaricoque. Añadir una última capa de yogur y decorar con tiras de albaricoque, si se desea. Enfriar en el frigorífico y consumir antes de dos días.

refrescos
líquidos

Valores nutritivos

kilocalorías 180 (780 Kj)

grasa 2 g

proteína 3 g

hidratos de carbono 42 g

Buena fuente de caroteno

Preparación

10 minutos

Raciones

2

 **SUGERENCIA**

Maravillosamente brillante y de sabor refrescante, este zumo de intenso color rosa está repleto de vitamina C y es un comienzo perfecto para el día.

zumo de sandía y fresa

Las fresas y las limas están repletas de vitamina C, y la sandía contiene tanta proporción de agua que no es preciso diluir la bebida resultante. Este delicioso zumo es pura fruta.

1 kg de sandía

200 g de fresas, sin hollejo

el zumo de 1 lima

1 Con una cuchara grande, sacar la carne de la sandía y echarla en una licuadora o batidora. Añadir las fresas y mezclar brevemente.

2 Verter en un colador colocado sobre una jarra grande, y pasar la pulpa por el colador hasta que sólo queden las semillas negras.

3 Mezclar el puré con el zumo de lima, echarlo en dos vasos y servirlo.

Valores nutritivos
kilocalorías 280 (1180 Kj)
grasa 15 g
proteína 8 g
hidratos de carbono 30 g
Buena fuente de vitamina E

Preparación
10 minutos
Raciones
2

+ SUGERENCIA
Este batido es rico en calcio y en fibra. De sabor suave y delicado, es un tonificante perfecto. Las avellanas contienen ácidos grasos esenciales y son ricas en proteína.

batido de peras y
avellanas con canela

Este delicioso batido está hecho con los ingredientes más corrientes. En lugar de tostar las avellanas cada vez que se prepare, es mejor tostar un lote grande, enfriarlas y guardarlas en un tarro con tapa de rosca (hasta dos semanas).

40 g de avellanas

2 peras maduras, peladas, sin el centro y cortadas en cuartos

¼ de cucharadita de canela en polvo

150 g de yogur bio natural

150 ml de zumo de uva blanca o manzana

1 Freír las avellanas en una sartén durante 2-3 minutos, hasta tostarlas un poco. Triturarlas bien en una batidora.

2 Añadir las peras, la canela en polvo y el yogur, y mezclarlo todo bien. Añadir el zumo de fruta y mezclar brevemente. Repartirlo en dos vasos y servirlo.

Valores nutritivos

kilocalorías 310 (1310 Kj)

grasa 8 g

proteína 7 g

hidratos de carbono 56 g

Buena fuente de vitamina C

Preparación

10 minutos

Raciones

2

 SUGERENCIA

El tofu es una importante fuente de proteínas para los vegetarianos, y este batido de desayuno está repleto de fibra, vitamina C y vitamina E. La linaza y el tofu contienen fitoestrógenos.

desayuno energético

Esta bebida sin lácteos, suave y cremosa, repleta de azúcares naturales de fruta y proteína, es como una comida en vaso. Tal vez cueste encontrar la linaza, pero en casi todas las tiendas de comida sana tienen.

1 cucharada de semillas de girasol

1 cucharada de linazas doradas

1 plátano cortado en trozos

4 higos secos

50 g de tofu

450 ml de zumo de manzana

1 Echar las semillas en una batidora y triturarlas bien.

2 Añadir el plátano, los higos, el tofu y un poco del zumo de fruta. Batir hasta que quede uniforme.

3 Mezclar poco a poco el zumo restante, batiendo hasta formar espuma. Verter en dos vasos y servir.

Valores nutritivos

kilocalorías 140 (585 Kj)

grasa 1 g

proteína 2 g

hidratos de carbono 35 g

Excelente fuente de carotenoides

Preparación

10 minutos

Raciones

2

 SUGERENCIA

Este efervescente zumo está repleto de carotenoides, que el cuerpo transforma en vitamina A y que son particularmente importantes para el crecimiento normal de los tejidos y como antioxidantes.

zumo de manzana y zanahoria con jengibre

Un zumo de sorprendente color naranja, con un toque de dulzura. Esta refrescante bebida incluye el efecto sorprendente del jengibre picante. Si lo van a beber niños, reduzca la cantidad de jengibre a 1 cm.

375 g de zanahorias, bien lavadas y cortadas en trozos

3 manzanas, peladas y cortadas en trozos

2,5 cm de raíz fresca de jengibre, pelada

1 Licuar la zanahoria, la manzana y el jengibre en una batidora.

2 Repartir el zumo en dos vasos y servirlo.

Valores nutritivos

kilocalorías 75 (315 Kj)

grasa 1 g

proteína 2 g

hidratos de carbono 15 g

Excelente fuente de vitamina C

Preparación

15 minutos

Raciones

2

SUGERENCIA

Los tomates y pimientos son buenas fuentes de carotenoides. Los tomates, además, contienen mucho licopeno. Este refrescante zumo contiene también vitaminas C y E, importantísimas como antioxidantes.

«bloody mariana»

Este zumo mixto, un «bloody mary» sin alcohol, rebosa de vitaminas y minerales. Su buen sabor depende de los tomates empleados; procure elegir los que han madurado en la mata, ya que tienen más sabor.

2 tallos de apio, más un poco para servir (optativo)

¼ de pepino

375 g de tomates

½ pimiento rojo, sin centro ni semillas

2-3 ramitas de menta

salsa de Worcestershire, al gusto

salsa de tabasco, al gusto

1 Cortar todas las verduras y la fruta en trozos y pasarlas por la batidora, junto con la menta fresca.

2 Añadir las salsas de Worcertershire y tabasco al gusto, y servir en dos vasos llenos de hielo hasta la mitad. Servir con palos de apio para remover.

Valores nutritivos

kilocalorías 110 (480 Kj)

grasa 1 g

proteína 2 g

hidratos de carbono 26 g

Excelente fuente de vitamina C

Preparación

10 minutos

Raciones

2

 SUGERENCIA

La vitamina C que contiene un solo kiwi excede la dosis diaria necesaria para un adulto. Este fruto también contiene potasio, necesario para el funcionamiento normal de todas las células del cuerpo.

verde de carreras

Deliciosa y refrescante mezcla de zumos de melón, kiwi y manzana. Procure comprar un melón de carne verde para que el zumo final tenga una delicada tonalidad verde.

½ **melón ogen de carne verde**

2 **kiwis, pelados**

1 **manzana de piel verde**

1 Cortar la fruta en trozos y pasarla por la batidora.

2 Echar cubitos de hielo en dos vasos hasta la mitad, verter el zumo y servir.

bocados
ligeros

Valores nutritivos

kilocalorías 240 (1010 Kj)

grasa 5 g

proteína 40 g

hidratos de carbono 10 g

Buena fuente de carotenoides

Preparación

15 minutos

Tiempo de cocción

5 minutos

Raciones

4

 **SUGERENCIA**

Los coloridos ingredientes de esta receta aportan muchos nutrientes, incluyendo calcio, magnesio y folato. Los mangos son una fuente especialmente buena del carotenoide criptoxantina.

ensalada de pollo
y mango con especias

El pollo de coronación es un plato popular, pero se hace con mayonesa, que está repleta de calorías y grasa. Esta versión más sana contiene menos calorías porque se hace con un yogur natural y el pollo al vapor.

4 pechugas de pollo sin hueso ni piel, de unos 150 g cada una

6 cucharaditas de pasta de curry suave

el zumo de 1 limón

150 g de yogur bio natural

1 mango

50 g de berros

½ pepino, cortado en taquitos

½ cebolla roja, picada

½ lechuga iceberg

1 Lavar las pechugas de pollo con agua fría, escurrir bien y cortar en tiras largas y finas. Poner 4 cucharaditas de pasta de curry en una bolsa de plástico con el zumo de limón, y mezclar estrujando la bolsa. Añadir el pollo y mezclar bien.

2 Llenar de agua, hasta la mitad, la base de una cazuela para cocer al vapor, y calentar hasta hervir. Colocar el pollo en la parte alta de la cazuela, en una sola capa, tapar y cocer al vapor durante 5 minutos. Probar con un cuchillo si está hecho: los jugos serán transparentes.

3 Mezclar en un cuenco el resto del curry con el yogur.

4 Cortar una rodaja gruesa de cada lado del mango para dejar al descubierto el hueso. Separar la carne del hueso, quitar la piel y cortar la carne en trozos.

5 Lavar los berros con agua fría y partirlos en pedazos. Añadirlos al aderezo de yogur, junto con el pepino, la cebolla y el mango, y mezclarlo con cuidado.

6 Cortar la lechuga en trozos, repartir en cuatro platos, echar por encima la mezcla de mango y coronar con el pollo.

Valores nutritivos
kilocalorías 170 (710 Kj)
grasa 11 g
proteína 11 g
hidratos de carbono 8 g
Buena fuente de fibra

Preparación
15 minutos
Tiempo de cocción
2-3 minutos
Raciones
4

SUGERENCIA
Las semillas de soja contienen muchos fitoestrógenos y todos los aminoácidos imprescindibles. Este plato rico en proteína y fibra también contiene folato.

hummus de soja

Esta guarnición de estilo griego, baja en grasa y rica en proteína, sirve como aderezo para verduras crudas y sándwiches vegetales. Se conserva bien en el frigorífico durante 2-3 días.

3 cucharadas de semillas de sésamo

250 g de granos de soja cocidos

2 dientes de ajo machacados

¼ de cebolla (optativo)

el zumo de 1 limón

5 cucharadas de leche semidesnatada

1 cucharada de aceite de oliva (optativo)

sal y pimienta

ADEREZO
pimentón para espolvorear

aceitunas negras

PARA SERVIR
zanahoria, apio y tiras de pepino

pan de pita integral caliente, cortado en tiras

1 Freír las semillas de sésamo a fuego lento hasta que queden un poco tostadas, y después triturarlas en una batidora o licuadora.

2 Añadir los demás ingredientes y mezclar bien hasta obtener una pasta uniforme. Poner en un cuenco, rociar con un poco de pimentón y añadir unas pocas aceitunas negras.

3 Colocar el cuenco sobre un plato grande, y rodearlo con tiras y palitos de verdura y pan de pita.

Valores nutritivos

kilocalorías 300 (1250 Kj)

grasa 8 g

proteína 25 g

hidratos de carbono 32 g

Excelente fuente de fibra

Preparación

10 minutos

Tiempo de cocción

4 minutos

Raciones

4

 SUGERENCIA

La colorida combinación de verduras y legumbres aporta fitoestrógenos. Las legumbres congeladas y enlatadas tienen el mismo valor nutritivo que las frescas; pero si son de lata, conviene que no tengan sal ni azúcar.

ensalada de atún y legumbres

Rápida y fácil de preparar, la ensalada de legumbres es un almuerzo ideal acompañada de pan integral francés. Esta colorida versión se hace con una combinación de legumbres frescas, en lata y congeladas.

75 g de judías verdes

200 g de habas congeladas

125 g de maíz dulce congelado

2 cucharadas de aceite de oliva

2 cucharadas de vinagre de vino tinto

1 cucharadita de mostaza en grano

410 g de judías rojas en lata, escurridas y lavadas

185 g de atún en lata al natural, escurrido y troceado

½ cebolla roja, en rodajas finas

sal y pimienta

1 Poner a hervir una cazuela con agua, añadir las alubias y cocer durante 2 minutos. Añadir las habas congeladas y el maíz, y cocer durante 2 minutos más. Colar, escurrir bien, aclarar con agua fría y colar de nuevo.

2 Mezclar en un cuenco el aceite, el vinagre, la mostaza, la sal y la pimienta.

3 Mezclar las judías rojas, añadir el atún y la cebolla y remover un poco.

Valores nutritivos

kilocalorías 205 (845 Kj)

grasa 13 g

proteína 12 g

hidratos de carbono 10 mg

Excelente fuente de vitamina C

Preparación

10 minutos

Tiempo de cocción

8 minutos

Raciones

4

 SUGERENCIA

Preserve el contenido de vitamina C de las verduras cociéndolas al vapor o salteándolas. El brécol no solo aporta vitamina C, sino que es una buena fuente de isotiocianato, un compuesto bioactivo.

ensalada italiana
de brécol y huevo

La adición de un aderezo fuerte de limón y alcaparras, sutilmente especiado con delicado estragón fresco, transforma los simples brécoles y puerros al vapor en un plato ligero de gurmé.

4 huevos

300 g de brécol

2 puerros pequeños (unos 300 g), cortados en tiras y bien lavados

el zumo de 1 limón

2 cucharadas de aceite de oliva

2 cucharaditas de miel clara

1 cucharada de alcaparras, bien lavadas

2 cucharadas de estragón fresco, picado

sal y pimienta

ramitas de estragón, como guarnición (optativo)

pan integral, para acompañar

1 Llenar de agua, hasta la mitad, la base de una cazuela para cocer al vapor, añadir los huevos y llevar a ebullición. Cubrir con la pieza superior de la cazuela y cocer a fuego lento 8 minutos, hasta que queden duros.

2 Mientras tanto, cortar el brécol y hacer rodajas con los tallos del brécol y los puerros. Añadir el brécol a la parte alta de la cazuela, cocer durante 3 minutos, añadir los puerros y cocer durante 2 minutos más.

3 Mezclar los demás ingredientes en una ensaladera para preparar el aliño.

4 Cascar los huevos duros, enfriarlos rápidamente bajo el grifo, quitar la cáscara y cortarlos en trozos.

5 Añadir el brécol y los puerros al aliño, mezclar y echar los huevos troceados. Aderezar con un poco más de estragón, si se desea, y servir caliente con pan integral en rebanadas gruesas.

Valores nutritivos
kilocalorías 100 (415 Kj)
grasa 2 g
proteína 6 g
hidratos de carbono 17 g
Buena fuente de caroteno

Preparación
10 minutos
Tiempo de cocción
nada
Raciones
4

 SUGERENCIA
Una vistosa ensalada que aporta abundante vitamina C, con un aliño prácticamente sin grasa. Una sola ración satisface las necesidades diarias de betacaroteno.

ensalada de zanahoria
y brotes de legumbres

Esta ensalada se prepara en unos minutos y puede servir para sándwiches con pan integral y lonchas de pollo, o con queso, tomates y pepino, o como parte de un surtido de ensaladas para la comida.

el zumo de 1 naranja

2 cucharaditas de mostaza en grano

1 cucharadita de miel clara

300 g de zanahorias, ralladas

250 g de brotes surtidos, lavados y bien escurridos

sal y pimienta

1 Poner el zumo de naranja, la mostaza, la miel, la sal y la pimienta en una ensaladera, y mezclar con un tenedor.

2 Añadir al aliño las zanahorias ralladas y los brotes de legumbres.

Valores nutritivos

kilocalorías 185 (775 Kj)

grasa 6 g

proteína 6 g

hidratos de carbono 29 g

Buena fuente de caroteno

Preparación

25 minutos

Tiempo de cocción

37 minutos

Raciones

6

 SUGERENCIA

Esta reconfortante sopa, perfecta para una comida de invierno, está repleta de nutrientes, como los carotenoides, magnesio y calcio. Si va a usar un cubito de caldo, procure que sea bajo en sal.

sopa de zanahoria y pimiento

Una sopa aterciopelada, de vibrante color y delicado sabor. Es ideal para guardar en el congelador en manejables porciones individuales, listas para el microondas. Se sirve sola con pan caliente o con tropezones bajos en grasa.

1 cucharada de aceite de oliva

1 cebolla, picada

500 g de zanahorias, en taquitos

1 pimiento rojo vaciado, sin semillas y en cuadraditos

1,2 l de caldo de verduras

TROPEZONES AL PESTO
6 rebanadas de pan integral en barra

3 cucharaditas de pesto

queso parmesano, recién rallado (optativo)

1 Calentar el aceite en una cazuela, añadir la cebolla y sofreír durante 5 minutos, hasta ablandarla.

2 Añadir las zanahorias y el pimiento rojo, y sofreír durante 2 minutos. Añadir el caldo, llevar a ebullición, tapar y cocer a fuego lento durante 30 minutos, hasta que las verduras estén blandas.

3 En una licuadora, hacer puré con el caldo y las verduras. Volver a echar en la cazuela y calentar de nuevo.

4 Mientras tanto, tostar ligeramente el pan por los dos lados y untar encima el pesto. Servir la sopa en cuencos, echar encima los tropezones y espolvorear queso parmesano, si se desea.

Valores nutritivos

kilocalorías 72 (300 Kj)

grasa 5 g

proteína 6 g

hidratos de carbono 2 g

Buena fuente de hierro

Preparación

15 minutos

Tiempo de cocción

20 minutos

Raciones

12

 SUGERENCIA

Estos sabrosos y exóticos bocaditos están repletos de nutrientes, hierro, betacaroteno y calcio. Combínelos con pan integral de pita y una ensalada verde y fresca.

eggah de brécol y espinacas

Popular en Oriente Medio, el *eggah* se prepara y se sirve como plato intermedio. Es como un quiche pero sin pasta. En lugar de hacer un plato grande, estos pequeños *eggahs* se han cocido en las secciones individuales de un molde para bollos.

125 g de brécol

100 g de hojas jóvenes de espinaca

6 huevos

300 ml de leche semidesnatada

2 cucharadas de queso parmesano, rallado

una pizca grande de nuez moscada molida

sal y pimienta

pan de pita integral caliente, para acompañar

1 Cortar el brécol en trozos pequeños, y los tallos en rodajas. Poner la parte alta de una cazuela para cocer al vapor, sobre agua hirviendo. Tapar y cocer durante 3 minutos. Añadir la espinaca y cocer 1 minuto más, o hasta que se ablande.

2 Mezclar en una jarra los huevos, la leche, el parmesano, la nuez moscada y un poco de sal y pimienta. Repartir el brécol y las espinacas entre las secciones de un molde para 12 bollos, ligeramente aceitado. Cubrir con la mezcla de huevo.

3 Cocinar en un horno precalentado a 190 ºC (marca 5), durante unos 15 minutos, hasta que quede ligeramente tostado, bien escurrido y con el huevo cuajado. Dejar en el molde 1-2 minutos, separar del molde con un cuchillo y sacarlo. Servir 2-3 por persona, con pan integral de pita caliente.

Valores nutritivos
kilocalorías 210 (890 Kj)
grasa 4 g
proteína 20 g
hidratos de carbono 26 g

Preparación
15 minutos
Tiempo de cocción
7 minutos
Raciones
4

 **SUGERENCIA**
Esta sopa ligera aporta un excelente equilibrio, ya que es baja en grasas y rica en hidratos de carbono. Tanto la salsa de pescado como la de soja tienen mucha sal; pero si se usan en pequeñas cantidades, se pueden incluir en la dieta.

sopa de gambas tailandesa

Esta tonificante sopa lleva setas shiitake, pimiento rojo, pak choy y gambas, y se sazona con lima kaffir y hojas de cilantro. Si se sirve a vegetarianos, se prescinde de las gambas y la salsa de pescado.

1,2 l de caldo de verduras

2 cucharaditas de pasta de curry roja

4 hojas secas de lima kaffir, en pedacitos

4 cucharaditas de salsa de pescado

2 cebollas de primavera, en rodajas

150 g de setas shiitake, en rodajas

125 g de soba (fideos japoneses)

½ pimiento rojo, vaciado y cortado en taquitos

125 g de pak choy, en rodajas finas

250 g de gambas congeladas (descongeladas y lavadas)

un ramito de hojas de cilantro, cortadas en pedazos

1 Echar el caldo en una cazuela, añadir la pasta de curry, las hojas de lima, la salsa de pescado, las cebollas y las setas. Llevar a ebullición y cocer a fuego lento durante 5 minutos.

2 Hervir agua en un recipiente aparte, añadir los fideos y cocer durante 3 minutos.

3 Añadir los demás ingredientes a la sopa y cocer durante 2 minutos.

4 Escurrir los fideos, lavar con agua caliente y servirlos en la base de 4 cuencos. Añadir el caldo de gambas caliente y servir de inmediato.

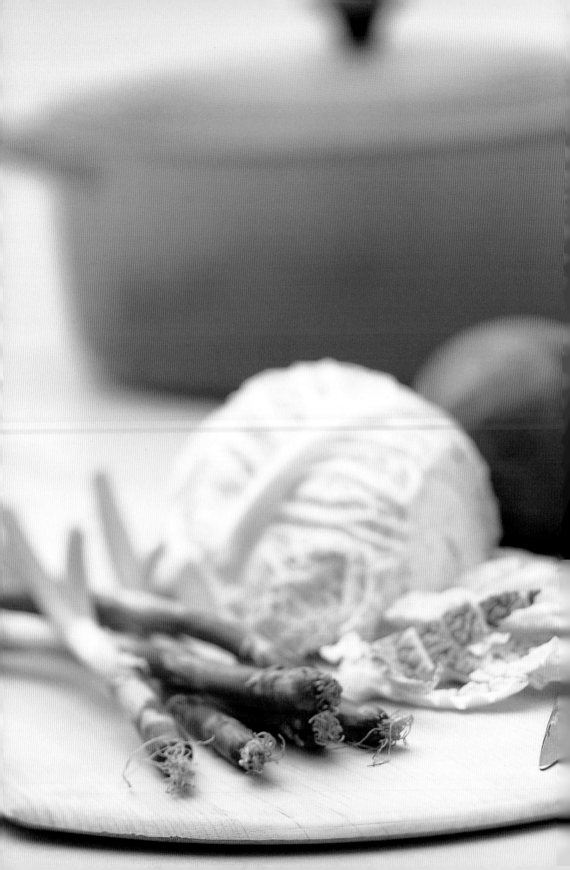

platos
principales

Valores nutritivos
kilocalorías 750 (3130 Kj)
grasa 41 g
proteína 52 g
hidratos de carbono 46 g
Buena fuente de folato

Preparación
30 minutos
Tiempo de cocción
1 hora 20 minutos
Raciones
4-5

 **SUGERENCIA**
Un plato rico en fibra y repleto de hierro y betacaroteno. Se puede aumentar el nivel de vitamina C añadiendo a la salsa el zumo de una naranja antes de servir.

pollo asado con raíces especiadas

El asado gusta a todas las edades, pero puede estar cargado de grasa. Se puede reducir el aceite metiendo las verduras en una bolsa de plástico con aceite. Si sobra pollo, puede servir para un sándwich o ensalada al día siguiente.

un pollo de 1,5 kg preparado para el horno

2 cucharadas de semillas de cilantro

1 cucharadita de semillas de hinojo

2 cucharadas de aceite de oliva

½ cucharadita de cúrcuma

½ cucharadita de pimentón

2 chirivías

2 zanahorias grandes

2 boniatos

1 cebolla grande

8 dientes de ajo, sin pelar

2 cucharadas de harina

600 ml de caldo de pollo

hojas de cilantro, para servir

1 Quitar los menudillos y lavar el pollo con agua fría. Escurrir y colocar en una bandeja de horno grande.

2 Aplastar las semillas y ponerlas en una bolsa de plástico grande con el aceite y las especias molidas. Sacudir hasta que quede bien mezclado. Echar un poco de la mezcla sobre la pechuga del pollo, y después taparlo con papel de aluminio.

3 Asar el pollo en un horno precalentado a 190 ºC (marca 5), durante 1 hora y 20 minutos.

4 Cortar las verduras en trozos grandes, echarlas en la bolsa y remover. Añadir al pollo cuando este lleve 20 minutos asándose, metiendo un poco de ajo entre las patas del pollo y añadiendo el resto a las verduras. Asar una hora hasta que esté dorado, dando la vuelta a las verduras a los 30 minutos y quitando entonces el papel de aluminio.

5 Pasar el pollo y las verduras de la bandeja a una fuente grande y mantenerlo caliente. Añadir cilantro. Separar la grasa de los jugos de carne y añadir la harina. Para hacer la salsa, se coloca la bandeja en la repisa del horno y se cocina durante 1 minuto. Echar poco a poco el caldo y llevar a ebullición. Colar en una jarra y servir inmediatamente.

Valores nutritivos

kilocalorías 640 (2280 Kj)

grasa 3 g

proteína 45 g

hidratos de carbono 86 g

Buena fuente de hierro

Preparación

25 minutos

Tiempo de cocción

12-17 minutos

Raciones

4

 SUGERENCIA

Este plato, excepcionalmente bajo en grasa, aporta más de la mitad de su energía en forma de hidratos de carbono: el equilibrio perfecto. Quienes no toleren el gluten no deben comer trigo búlgaro.

pollo a los cítricos
con trigo búlgaro y frutas

El trigo búlgaro se cocina en la mitad del tiempo que el arroz y sirve de base para este pilaf de estilo marroquí acompañado de albaricoques, dátiles y pasas, y completado con pechugas de pollo al vapor con aromas de cítricos.

900 ml de caldo de pollo

¼ de cucharadita de canela en polvo

¼ de cucharadita de nuez moscada o pimienta inglesa molida

250 g de trigo búlgaro

4 pechugas de pollo, deshuesadas y sin piel, de unos 150 g cada una

la piel rallada de ½ limón

la piel rallada de ½ naranja

125 g de albaricoques secos

75 g de dátiles, sin hueso y picados

75 g de uvas pasas

el zumo de 1 naranja

sal y pimienta

un manojito de cilantro fresco o albahaca, troceado, para servir

1 Echar el caldo en la base de una cazuela para cocer al vapor, y añadir las especias molidas y el trigo búlgaro.

2 Lavar las pechugas de pollo con agua fría, escurrirlas, colocarlas en la parte superior de la cazuela y echarles las cortezas ralladas de limón y naranja, y un poco de sal y pimienta.

3 Hacer que hierva el caldo, colocar la pieza superior de la cazuela, tapar y cocer durante 10 minutos hasta que el pollo quede bien cocido y el trigo esté blando. Si es necesario, quitar la parte superior de la cazuela y cocer el trigo un poco más.

4 Añadir al trigo las frutas secas y el zumo de naranja. Mezclar y repartir en 4 platos. Cortar la carne, colocarla sobre el trigo y añadir las hierbas. Servir con ensalada de berro y sisimbrio.

Valores nutritivos

kilocalorías 230 (980 Kj)

grasa 7 g

proteína 37 g

hidratos de carbono 5 g

Buena fuente de selenio

Preparación

10 minutos

Tiempo de cocción

4-5 minutos

Raciones

4

SUGERENCIA

El atún es un pez carnoso, ideal para ganarse a personas a las que no gusta el pescado. Contiene selenio, ácidos grasos omega 3, vitaminas A, B12 y B3, folato y hierro. El hinojo es rico en fitoestrógenos.

guiso rápido de atún e hinojo

Este plato, bajo en calorías y rico en proteínas y nutrientes, es muy sencillo, y constituye una receta perfecta para después de un agitado día de trabajo. Servir con ensalada de sisimbrio y patatas nuevas.

4 filetes de atún, de unos 150 g cada uno

4 bulbos pequeños de hinojo o uno grande, unos 175 g en total, cortado en rodajas

425 g de tomates, pelados y cortados en tacos

2 cucharaditas de puré de tomate

la corteza rallada de 1 limón

3 cucharadas de perejil o albahaca frescos, picados

sal y pimienta

rodajas de limón, como guarnición

1 Cortar el atún en trozos de unos 5 cm de lado y ponerlos en una sartén. Echar encima el hinojo y el tomate, y añadir un poco de sal y pimienta.

2 Tapar y cocinar a fuego medio durante 2 minutos. Levantar la tapa, dar la vuelta al atún y añadir el puré de tomate. Tapar y cocer 2-3 minutos, hasta que el atún esté hecho.

3 Repartir en 4 platos, añadir la corteza de limón y las hierbas, más las rodajas de limón, y servir.

Valores nutritivos
kilocalorías 450 (1875 Kj)
grasa 34 g
proteína 35 g
hidratos de carbono 3 g
Buena fuente de vitamina E

Preparación
20 minutos,
más el marinado
Tiempo de cocción
13-14 minutos
Raciones
4

 SUGERENCIA
Los aguacates son ricos en vitamina E y también contienen vitamina C (ambas son buenos antioxidantes), vitamina B6 y potasio. Sin embargo tienen mucha grasa y han de consumirse con moderación.

ensalada caliente
de salmón y sésamo

Las hojas de verduras con lima, aguacate y semillas de sésamo tostadas, forman una ensalada de estilo oriental que complementa el salmón al horno. Se pueden añadir brotes de judías en lugar de los berros, el sisimbrio y las espinacas.

4 filetes de salmón, de unos 150 g cada uno

2 cucharadas de salsa de soja ligera

4 cucharadas de semillas de sésamo

2 aguacates pequeños

el zumo de 2 limas

½ lechuga iceberg, cortada en trozos

una bolsa de 125 g de ensalada de berros, espinacas y rúcula

½ pepino, en taquitos

pimienta negra, recién molida

1 Lavar el salmón, escurrir y poner en un plato. Echar la mitad de la salsa de soja y marinar 15 minutos.

2 Calentar las semillas de sésamo durante 3-4 minutos hasta que estén ligeramente tostadas, retirar, añadir el resto de salsa de soja y tapar rápidamente. Dejar enfriar.

3 Colocar el salmón sobre un papel de aluminio grande y verter lo que quede de salsa de soja. Envolver el salmón en el papel de aluminio. Poner en una bandeja de horno y cocinar en un horno precalentado a 180 ºC (marca 4) 10 minutos, hasta que, al apretarlo con un cuchillo, forme hojuelas del mismo color en todas sus partes.

4 Cortar los aguacates en dos, quitar los huesos, pelarlos, cortarlos en rodajas y añadirlos al zumo de lima

5 Poner todas las hojas de ensalada y el pepino en un cuenco grande, añadir el aguacate, las semillas tostadas de sésamo y un poco de pimienta. Remover, repartir en platos y poner encima el salmón al horno. Servir inmediatamente.

Valores nutritivos

kilocalorías 370 (1560 Kj)

grasa 7 g

proteína 48 g

hidratos de carbono 30 g

Buena fuente de hierro

Preparación

25 minutos

Tiempo de cocción

1 hora 25-28 minutos

Raciones

4-5

 SUGERENCIA

La carne de vacuno es rica en proteína, hierro y vitamina B12; pero procure reducir las raciones a 80 g (dos rodajas finas) o equilibrarlas no comiendo carne al día siguiente. La carne se cocina lentamente para evitar la formación de aminas aromáticas heterocíclicas.

redondo a la cazuela

Para reducir al mínimo la ingestión de grasa y el fregado, el redondo se cocina junto con las verduras que lo acompañan en una misma cacerola, con una salsa bien sazonada.

1 cebolla, cortada en rodajas

750 g de redondo de vaca, quitándole la grasa

4 patatas pequeñas para horno, peladas y en cuartos

250 g de zanahorias baby

250 g de chirivías, cortadas en trozos

50 g de cebada perlada

2 hojas de laurel

900 ml de caldo de carne o pollo

1 cucharada de puré de tomate

1 cucharadita de mostaza en grano

50 g de nabos pequeños, bien lavados

100 g de judías verdes

2 cogollos de lechuga, cortados en cuartos

sal y pimienta

1 cucharada de harina de maíz, mezclada con un poco de agua

1 Poner la cebolla en el centro de una cacerola, y la pieza de carne encima. Añadir las patatas, zanahorias y chirivías, así como la cebada perlada y las hojas de laurel.

2 Verter el caldo en la cacerola y añadir el puré de tomate, la mostaza, sal y pimienta. Llevar a ebullición sobre el fuego, tapar y pasar la cacerola a un horno precalentado a 160 ºC (marca 3). Cocinar durante 1 hora y cuarto.

3 Sacar la carne de la cacerola, ponerla en un plato y envolverla en papel de aluminio para mantenerla caliente. Añadir los nabos a la cacerola, tapar y cocer a fuego lento durante 5 minutos. Añadir las verduras verdes y cocer durante 5-8 minutos más, hasta que estén blandas pero todavía verdes. Añadir la mezcla de harina de maíz y cocer 1 minuto.

4 Cortar la carne en rodajas finas y poner en platos. Sacar las verduras de la cacerola y disponerlas alrededor de la carne. Echar la salsa, las cebollas y la cebada sobre la carne.

Valores nutritivos

kilocalorías 275 (1150 Kj)

grasa 12 g

proteína 22 g

hidratos de carbono 21 g

Buena fuente de hierro

Preparación

22 minutos

Tiempo de cocción

23 minutos

Raciones

4

 SUGERENCIA

Este plato de carne no supera la cantidad recomendada y aporta fibra, hierro y cinc. Como se usa mijo en lugar de miga de pan, es adecuado para personas que no puedan tomar gluten.

salchichas de cerdo,
ciruelas pasas y puerros

En lugar de vetar las salchichas para seguir una dieta más sana, reduzca la cantidad de grasa haciendo sus propias salchichas con carne magra picada de cerdo (o pollo, o pavo), puerros al vapor y ciruelas picadas, y cociendo al horno en lugar de freír.

150 g de puerros, lavados y cortados

375 g de carne magra de cerdo, picada

50 g de copos de mijo

100 g de ciruelas pasas, sin hueso y picadas

1 yema de huevo

una pizca grande de nuez moscada molida

4 tomates, partidos por la mitad

sal y pimienta

1 Cocer los puerros al vapor durante 3 minutos, hasta que estén tiernos.

2 Mezclar en un cuenco la carne picada con los copos de mijo, las ciruelas pasas, la yema de huevo, la nuez moscada y un poco de sal y pimienta. Por último, añadir los puerros.

3 Con una cuchara, repartir la mezcla en 8 montoncitos sobre una tabla de cocina y, con las manos mojadas, darle a cada uno la forma de una salchicha de 10 cm.

4 Poner las salchichas en una bandeja de horno a 190 ºC (marca 5) y hornear durante 10 minutos. Añadir los tomates y cocinar 10 minutos más, hasta que las salchichas estén doradas, y los tomates, calientes. Emplatar y servir inmediatamente, con una ensalada verde si se desea.

Valores nutritivos

kilocalorías 615 (2570 Kj)

grasa 32 g

proteína 40 g

hidratos de carbono 43 g

Buena fuente de selenio

Preparación

15 minutos

Tiempo de cocción

27-30 minutos

Raciones

4

 SUGERENCIA

A todo el mundo le gusta el puré de patatas, pero la batata contiene betacaroteno, calcio, magnesio, potasio, ácido fólico y vitaminas C y E; por eso es mejor, desde un punto de vista nutricional, que la patata normal.

caballa adobada con chirivías y puré picante

El adobo es un método tradicional de cocinar con vinagre, bastante olvidado en los tiempos modernos. Originalmente se hacía en cazuela, pero esta versión se hornea en un paquete de papel de aluminio para tener que fregar lo mínimo.

500 g de batatas, cortadas en tacos grandes

425 g de chirivías, cortadas en tacos grandes

4 filetes de caballa, cortados de dos caballas grandes (unos 750 g de peso total)

50 g de puerros, lavados y en rodajas finas

1 zanahoria, en rodajas finas

1 tallo de apio, en rodajas

1 cucharada de vinagre de vino blanco

150 ml de caldo de pescado caliente

4-5 cucharadas de leche semidesnatada

1 cucharadita de guindilla roja, picada

sal y pimienta

verduras al vapor, para acompañar

1 Poner las batatas y las chirivías en la parte alta de una cazuela para cocer al vapor, echar agua en la base y llevar a ebullición. Tapar y cocer a fuego lento durante 12-15 minutos, hasta que se ablanden.

2 Mientras tanto, lavar los filetes de caballa con agua fría, escurrir y poner en una hoja grande de papel de aluminio, sobre una bandeja de horno poco profunda. Mezclar el vinagre con el caldo, añadir sal y pimienta y verter sobre el pescado.

3 Tapar con otro papel de aluminio, enrollar los bordes para sellarlo y cocinar en un horno precalentado a 160 ºC (marca 3) durante 15 minutos, hasta que el pescado se divida fácilmente en hojuelas al presionarlo con un cuchillo.

4 Escurrir las batatas y las chirivías, y machacarlas junto con la leche y la guindilla. Repartir en 4 platos y colocar la caballa al lado. Servir con verduras al vapor.

Valores nutritivos

kilocalorías 315 (1325 Kj)

grasa 11 g

proteína 41 g

hidratos de carbono 13 g

Buena fuente de vitamina E

Preparación

25 minutos

Tiempo de cocción

13-16 minutos

Raciones

4

 SUGERENCIA

El halibut es poco graso y resulta ideal como base para esta sabrosa costra, que contiene compuestos protectores como el licopeno del tomate y los terpenoides de la piel de limón.

halibut al horno
con costra de aceitunas

Este plato se puede preparar por adelantado y hornearlo cuando sea necesario para picar o cenar. No utilice tomates secados al sol y envasados «en seco», porque podrían arder al hornearlos.

40 g de aceitunas negras, sin hueso y picadas

50 g de tomates secados al sol en aceite, bien escurridos y picados

la piel rallada y el zumo de 1 limón

4 cucharadas de migas frescas de pan integral

4 filetes de halibut, de unos 175 g cada uno y 2 cm de grosor

sal y pimienta

ensalada de rúcula, aceitunas y limón, para acompañar

1 Poner en un cuenco las aceitunas picadas y el tomate secado al sol, con la corteza de limón, la mitad del zumo, la miga de pan y un poco de sal y pimienta. Mezclar todo.

2 Lavar los filetes de pescado con agua fría, escurrir y colocar en un plato plano que resista el horno. Regar con el resto de zumo de limón y colocar encima la mezcla de aceituna.

3 Hornear sin tapar en un horno precalentado a 180 ºC (marca 4) durante 13-16 minutos, hasta que el recubrimiento esté crujiente y el pescado, bien cocinado. Servir con ensalada de rúcula, aceitunas y limón.

vegetarianos

Valores nutritivos

kilocalorías 345 (1435 Kj)

grasa 8 g

proteína 11 g

hidratos de carbono 55 g

Buena fuente de caroteno

Preparción

20 minutos

Tiempo de cocción

35 minutos

Raciones

4

＋ SUGERENCIA

Este plato aporta el equilibrio ideal de alimentos feculentos: cada plato cuenta como 2-3 unidades en la ingesta diaria. El arroz rojo de Camargue es particularmente rico en fibra.

risotto de arroz rojo y calabaza

El arroz rojo, cultivado en la región francesa de Camargue, es un arroz de grano entero con sabor a nuez que complementa el delicado sabor de la calabaza, y con el que se puede hacer un plato rápido lleno de rústico sabor francés.

1 litro de caldo de verduras

250 g de arroz rojo de Camargue

1 cucharada de aceite de oliva

1 cebolla, picada

2 dientes de ajo, picados

750 g de calabaza, pelada, sin semillas y cortada en tacos

5 cucharadas de albahaca u orégano frescos y picados, más unas hojas para aderezar

50 g de parmesano fresco, rallado no muy fino

sal y pimienta

virutas de parmesano, para aderezar

1 Hacer hervir el caldo en una cazuela, añadir el arroz y cocer a fuego lento durante 35 minutos.

2 Mientras tanto, calentar el aceite en una sartén, añadir la cebolla y freír durante 5 minutos, removiendo de vez en cuando, hasta que se ablande. Añadir el ajo, la calabaza y un poco de sal y pimienta, mezclar bien, tapar y cocinar a fuego moderado durante 10 minutos, removiendo de vez en cuando hasta que esté blando.

3 Escurrir el arroz y guardar el líquido de cocer. Añadir a la sartén las hierbas picadas, el arroz escurrido y el parmesano rallado. Comprobar el punto de sal, y humedecer con el líquido de cocer, si es necesario.

4 Servir en platos planos, y aderezar con más hierbas y virutas de parmesano.

Valores nutritivos
kilocalorías 225 (945 Kj)
grasa 10 g
proteína 14 g
hidratos de carbono 21 g
Buena fuente de fibra

Preparción
25 minutos
Tiempo de cocción
1 hora 25 minutos
Raciones
4

SUGERENCIA
Las semillas de soja no sólo son una excelente fuente de proteína y fibra, sino que, además, contienen fitoestrógenos. La calabaza butternut eleva el nivel de carotenoides.

curry de calabaza moscada y soja

Este curry ligero y de sabor suave tiene un toque de jengibre que complementa el sabor de la calabaza moscada. Si desea un poco más de picante, sírvalo con pan naan caliente, raita de pepino y encurtidos picantes.

1 cucharada de aceite de girasol

2 cebolla, picada

2 dientes de ajo, picados

1 cucharadita de semillas de hinojo machacadas

2 cm de raíz fresca de jengibre, pelada y picada

1 cucharada de pasta de curry suave

400 g de tomates en lata, cortados

450 ml de caldo de verduras

250 g de granos de soja cocidos

400 g de calabaza moscada, pelada, sin semillas y cortada en tacos

un manojito de hojas de cilantro, como guarnición

1 Calentar el aceite en una cazuela, añadir la cebolla y freír durante 5 minutos, removiendo de vez en cuando, hasta que se ablande. Añadir el ajo, las semillas de hinojo, el jengibre y la pasta de curry. Cocinar durante 1 minuto.

2 Añadir los tomates en lata, el caldo y la soja, y llevar a ebullición, removiendo. Tapar y cocer a fuego lento 40 minutos.

3 Añadir la calabaza, tapar de nuevo y cocer durante 35 minutos más, removiendo de vez en cuando, hasta que esté tierna. Si parece que hay demasiado líquido, quitar la tapa durante los últimos 15 minutos de cocción.

4 Repartir el curry en cuencos con arroz cocido, aderezar con las hojas de cilantro y servir con pan naan caliente.

Valores nutritivos

kilocalorías 365 (1530 Kj)

grasa 17 g

proteína 17 g

hidratos de carbono 38 mg

Buena fuente de carotenoides

Preparción

25 minutos, más enfriado

Tiempo de cocción

30-38 minutos

Raciones

4

 SUGERENCIA

La espinaca aporta el carotenoide luteína. Sirva los polpettes con un vaso de zumo de naranja, para que la vitamina C del zumo facilite la absorción del hierro de las espinacas durante la digestión.

albóndigas de espinacas y feta

Para mayor facilidad, estos pastelitos de inspiración griega se hacen con espinacas congeladas, condimentadas con queso feta desmenuzado y nuez moscada. Después se fríen en aceite de oliva y se sirven con tomate fresco y salsa de ajo.

500 g de patatas viejas, cortadas en trozos

375 g de espinacas congeladas, descongeladas y bien escurridas

200 g de queso feta, escurrido y ligeramente rallado

¼ de cucharadita de nuez moscada molida

50 g de harina integral

2 cucharadas de aceite de girasol

sal y pimienta

SALSA DE TOMATE
1 cucharada de aceite de oliva

1 cebolla, bien picada

2 dientes de ajo, picados

500 g de tomates, pelados y cortados en taquitos

2 cucharaditas de puré de tomate secado al sol o corriente

1 Poner a hervir agua en una cazuela grande, añadir las patatas y cocer 18-20 minutos, hasta que se ablanden.

2 Escurrir el agua y hacer puré con las patatas en la cazuela. Añadir las espinacas, el queso feta, la nuez moscada, sal y pimienta, y mezclar bien.

3 Repartir la mezcla en 12 moldes sobre una tabla, y dejar que se enfríen lo suficiente para darles forma.

4 Para la salsa de tomate, se calienta el aceite en una cazuela, añadiendo la cebolla y el ajo, y se fríe 5 minutos hasta que estén blandos y un poco dorados. Se echan los tomates y el puré de tomate, se añade sal y pimienta y se cuece a fuego lento 5 minutos, hasta que forme una pulpa.

5 Amasar la mezcla de espinaca con las manos enharinadas hasta formar discos, y recubrirlos con un poco de harina. Calentar 1 cucharada de aceite en una sartén y añadir los discos de espinaca, friéndolos por tandas y añadiendo más aceite si es necesario. Freír cada lado 2-3 minutos hasta dorarlo, y escurrir sobre papel de cocina.

6 Colocar las albóndigas en platos de servir, con cucharadas de salsa de tomate.

Valores nutritivos

kilocalorías 385 (1610 Kj)

grasa 26 g

proteína 9 g

hidratos de carbono 29 g

Buena fuente de vitamina E

Preparción

25 minutos

Tiempo de cocción

30-35 minutos

Raciones

4

 SUGERENCIA

El recubrimiento de frutos secos y grano integral convierte este plato en una abundante fuente de fibra. Aunque contiene bastante grasa, casi toda es monoinsaturada y no perjudica.

streusel de setas y avellanas

Este delicioso estofado de setas, condimentado con vinagre balsámico y ajo, va recubierto con un *streusel* de avellanas partidas, avena y salvia, que se cocina hasta dorarlo. Sírvalo con zanahorias al vapor y col rehogada para que quede equilibrado.

STREUSEL (RECUBRIMIENTO)

50 g de harina integral

50 g de avena

50 g de margarina de soja

50 g de avellanas troceadas

3 cucharadas de salvia picada, más unas hojas de guarnición

BASE

2 cucharadas de aceite de oliva

1 cebolla, picada

3 champiñones, en rodajas

375 g de setas chinas

2 dientes de ajo, bien picados

2 cucharadas de harina integral

300 ml de caldo de verduras

2 cucharadas de vinagre

1 cucharada de puré de tomate

1 cucharada de mostaza de Dijon

sal y pimienta

1 Para hacer el *streusel*, echar la harina, la avena y la margarina en un cuenco, y mezclar la grasa con la harina frotando con los dedos hasta que la mezcla parezca migas de pan. Añadir las avellanas y la salvia, y dejar a un lado.

2 Calentar 1 cucharada de aceite en una sartén grande, añadir la cebolla y freír durante 5 minutos, removiendo de vez en cuando, hasta que se ablande.

3 Añadir el resto del aceite, y echar las setas, cortadas por la mitad, y el ajo. Sofreír durante 3-4 minutos, removiendo hasta que se dore un poco.

4 Espolvorear la harina sobre las setas y mezclarla. Verter el caldo en la sartén, añadir el vinagre, el puré de tomate, la mostaza, la sal y la pimienta, y llevar a ebullición, removiendo suavemente.

5 Pasar la mezcla de setas a un plato de horno poco profundo, de 1,8 l. Echar por encima el *streusel* y cocinar en un horno precalentado a 190 ºC (marca 5) durante 20-25 minutos, hasta que la capa superior se tueste. Aderezar con más hojas de salvia y servir.

Valores nutritivos

kilocalorías 335 (1415 Kj)

grasa 14 g

proteína 13 g

hidratos de carbono 43 g

Buena fuente de fibra

Preparción

30 minutos

Tiempo de cocción

1 hora 40 minutos

Raciones

4-5

 SUGERENCIA

Este vistoso guiso, rico en fibra, está repleto de carotenoides, folato, potasio, hierro y calcio.

guiso de remolacha
y alubias rojas

Este delicioso plato se condimenta con pimentón ahumado, semillas de comino y canela. Se sirve con una espesa salsa roja y arroz moreno, y es un plato ideal para compartir con amigos.

1 cucharada de aceite
de girasol

1 cebolla, picada

2 dientes de ajo, bien picados

2 zanahorias, en taquitos

625 g de remolacha cruda,
pelada y cortada en tacos

1 cucharadita de pimentón

½ cucharadita de canela
en polvo

1 cucharadita de semillas
de comino, machacadas

410 g de alubias rojas de lata,
escurridas

400 g de tomates en lata,
cortados

600 ml de caldo de verduras

sal y pimienta

queso fresco, para servir

cilantro picado, para guarnición

1 Calentar el aceite en una sartén, añadir la cebolla y freír durante 5 minutos, removiendo de vez en cuando, hasta que se ablande.

2 Añadir el ajo, la zanahoria y la remolacha, las especias y el comino. Rehogar durante 1 minuto y añadir las alubias, los tomates y el caldo. Sazonar con sal y pimienta. Llevar a ebullición, removiendo, y pasarlo todo a un plato de horno hondo.

3 Tapar y meter en un horno precalentado a 180 ºC (marca 4). Cocinar durante 1 hora y media.

4 Repartir el estofado en platos, echar por encima una salsa de aguacate, cebolla roja, tomate y queso fresco y aderezar con hojas de cilantro cortadas.

Valores nutritivos

kilocalorías 480 (2015 Kj)

grasa 14 g

proteína 25 g

hidratos de carbono 68 g

Buena fuente de fibra

Preparción

30 minutos

Tiempo de cocción

35 minutos

Raciones

4

 SUGERENCIA

Un plato rico en fibra y con mucha verdura. Es una buena fuente de carotenoides, folato y calcio, así como de las sustancias protectoras (isotiocianatos) de la col.

pastel de alubias, lentejas y verduras con queso

Comida sustanciosa de la mejor. La sabrosa base de zanahoria y alubias está llena de fibra. Se recubre con una mezcla burbujeante de queso, y se hornea todo hasta que esté dorado.

1 cucharada de aceite de girasol

1 cebolla, bien picada

500 g de zanahorias, cortadas en tacos

2 dientes de ajo, bien picados

415 g de alubias en lata, con poca sal y azúcar

125 g de lentejas rojas

450 ml de caldo de verduras

sal y pimienta

RECUBRIMIENTO
750 g de patatas para guisar

150 g de col de Saboya, en tiras finas

3-4 cucharadas de leche semidesnatada

100 g de queso cheddar, rallado

1 Calentar el aceite en una cazuela, añadir la cebolla y freír durante 5 minutos, removiendo, hasta que se ablande.

2 Echar las zanahorias y el ajo, y sofreír durante 2 minutos. Añadir las alubias, las lentejas, el caldo, sal y pimienta. Llevar a ebullición, tapar y cocer a fuego lento durante 20 minutos, hasta que las lentejas estén blandas. Si es necesario, añadir más líquido.

3 Para el recubrimiento, cortar las patatas en trozos grandes y cocer en la base de una cazuela llena de agua hirviendo, durante 15 minutos. Colocar la pieza superior de la cazuela, echar en ella la col, tapar y cocer durante 5 minutos, hasta que la col y las patatas estén blandas.

4 Escurrir las patatas y hacer puré con ellas y la leche. Añadir la col y dos tercios del queso, y salpimentar.

5 Poner la mezcla caliente de zanahoria en la base de una fuente de horno de 1,5 l. Con una cuchara, echar encima la mezcla de patata, y espolvorear el queso restante. Hornear durante 5 minutos. Servir con guisantes congelados.

Valores nutritivos

kilocalorías 427 (1380 Kj)

grasa 20 g

proteína 14 g

hidratos de carbono 50 g

Buena fuente de betacaroteno

Preparción

15 minutos

Tiempo de cocción

16-17 minutos

Raciones

4

 SUGERENCIA

Hay que comer muchas verduras verdes, que son ricas en carotenoides, folato y hierro. Los fideos integrales aumentan el contenido de fibra.

verduras al coco con soba

Este cremoso curry se prepara rápida y fácilmente. Se condimenta con pasta de curry roja tailandesa antes de calentar, y después con hojas frescas de cilantro y algunos cacahuetes tostados. Se sirve sobre un lecho de fideos.

1 cucharada de aceite de girasol

1 cebolla, picada

4 cucharaditas de pasta de curry roja tailandesa

400 ml de leche de coco con grasa reducida

150 ml de caldo de verduras

1 zanahoria, cortada en palitos

100 g de brotes de brécol morado

125 g de pak choy

un manojito de cilantro fresco

100 g de judías verdes, en tiras finas

200 g de soba (fideos integrales japoneses)

75 g de guisantes congelados (optativo)

50 g de cacahuetes tostados sin sal

1 Calentar el aceite en una cazuela, añadir la cebolla y freír durante 5 minutos, removiendo de vez en cuando, hasta que se ablande. Añadir la pasta de curry y sofreír 1 minuto.

2 Echar la leche de coco y el caldo, y después los palitos de zanahoria. Tapar y cocer a fuego lento 5 minutos.

3 Cortar en trozos gruesos los tallos de brécol y cortar los racimos por la mitad. Cortar las hojas del pak choy y rasgarlas. Cortar los tallos blancos en palitos. Reservar algo de cilantro para guarnición y picar el resto.

4 Añadir a la cazuela las judías verdes y los tallos de brécol, volver a tapar y cocer durante 3 minutos. Llenar otra cazuela de agua hasta la mitad, hacerla hervir y añadir el soba. Cocer a fuego lento 3-5 minutos y después escurrir.

5 Añadir al curry los racimos de brécol, las tiras y hojas de pak choy y los guisantes (optativos), y cocer 2 minutos.

6 Repartir los fideos en 4 platos planos. Mezclar el cilantro picado con el curry, y colocar las verduras encima del soba, y la salsa en la base del plato. Aderezar con los cacahuetes y el resto del cilantro.

Valores nutritivos

kilocalorías 525 (2190 Kj)

grasa 32 g

proteína 11 g

hidratos de carbono 52 g

Buena fuente de fibra

Preparación

35 minutos, más enfriado

Tiempo de cocción

20 minutos

Raciones

4

 SUGERENCIA

Los pimientos rojos y anaranjados son una buena fuente de vitamina C, betacaroteno y bioflavonoides. El ajo y la cebolla tienen compuestos azufrados que pueden proteger contra el cáncer de estómago.

tartas de avena con ratatouille

Estas vistosas tartas se hacen sin lácteos, con una masa de harinas de trigo integral y de avena que sabe a nueces, condimentada con romero y rellena con una mezcla de verduras mediterráneas y ajo con romero.

MASA

174 g de harina integral

50 g de harina de avena

4 cucharaditas de romero fresco, bien picado

125 g de margarina de soja

2-3 cucharadas de agua

sal y pimienta

RELLENO
1 cucharada de aceite de oliva

1 cebolla, picada

2 dientes de ajo, bien picados

1 pimiento rojo y otro naranja, vaciados, sin semillas y cortados en cuadrados

375 g de calabacines, cortados

400 g de tomates, cortados

2 cucharaditas de azúcar

1 cucharada de romero fresco, bien picado, más unas hojas para guarnición

1 Poner las harinas en un cuenco con el romero picado y la sal y pimienta. Añadir la margarina y el agua.

2 Amasar la masa y pasarle el rodillo sobre una superficie ligeramente enharinada. Forrar con la masa 4 moldes de 12 cm. Recortar el borde superior y pinchar la base con un tenedor. Refrigerar durante 15 minutos.

3 Forrar los moldes de masa con papel a prueba de grasa y llenarlos con levadura química. Cocer en un horno precalentado a 190 ºC (marca 5) durante 10 minutos. Quitar el papel y la levadura y cocinar durante 10 minutos más, hasta que la masa esté ligeramente tostada.

4 Preparar el relleno calentando el aceite en una sartén. Añadir la cebolla y freír hasta que se ablande. Echar el ajo, los pimientos y los calabacines y cocinar 3 minutos.

5 Añadir los tomates, el azúcar, el romero y sal y pimienta. Cocer a fuego lento 5 minutos, hasta que se espese.

6 Retirar con cuidado las tartas de los moldes, ponerlas en platos y rellenar con la mezcla *ratatouille*. Aderezar con más romero y servir con una patata al horno y ensalada.

postres

Valores nutritivos

kilocalorías 70 (305 Kj)

grasa 0 g

proteína 0 g

hidratos de carbono 19 g

Buena fuente de vitamina C

Preparación

25 minutos, más

congelación

Tiempo de cocción

4-5 minutos

Raciones

4

 **SUGERENCIA**

Los mangos, libres de grasa pero repletos de vitaminas, contienen abundante betacaroteno y vitamina C, que son unos importantísimos antioxidantes.

granizado de lima y mango

Ligero, de sabor fuerte y refrescante, es el postre perfecto para después de un plato picante con curry o guindilla, así como una buena manera de animar a los miembros de la familia que no sean muy aficionados a la fruta.

50 g de azúcar extrafino

300 ml de agua

el zumo y la corteza rallada de 2 limas

1 mango grande y maduro

tiras de corteza de lima, para adornar

rodajas de mango, para servir

1 Poner el azúcar, el agua y la corteza de lima en una cazuela pequeña y calentar un poco durante 4-5 minutos, hasta que el azúcar se disuelva por completo. Dejar enfriar.

2 Cortar una rodaja gruesa de cada lado del mango para dejar al descubierto el hueso, grande y plano, y después hacer cortes cruzados en estas rodajas y separar la carne de la piel con una cuchara. Cortar la carne que rodea al hueso y quitar la piel. Pasar la carne del mango por una licuadora hasta que quede un puré uniforme.

3 Mezclar el puré de mango, el almíbar de azúcar y el zumo de lima, y ponerlo todo en una bandeja de horno de unos 2 cm de profundidad. Congelar durante 1 hora.

4 Sacar la bandeja del congelador y trabajar la mezcla con un tenedor para romper los cristales grandes de hielo. Devolver al congelador y congelar 1 hora y media, trabajándola con el tenedor cada 30 minutos, hasta que tenga la consistencia del hielo machacado.

5 Repartir en 4 platos, decorar con las tiras de corteza de lima y servir con rodajas de mango. Lo que sobre, se guarda en el congelador, en un recipiente de plástico con tapa.

Valores nutritivos

kilocalorías 130 (1325 Kj)

grasa 3 g

proteína 3 g

hidratos de carbono 43 g

Preparación

15 minutos

Tiempo de cocción

5-7 minutos

Raciones

4

✚ **SUGERENCIA**

Como los huevos están poco cocidos, no es adecuado para madres recientes, niños pequeños o personas convalecientes. Este postre es rico en vitamina C, magnesio y hierro.

saboyana de frutas

Dé a una simple ensalada de frutas un tratamiento de estrella, bañándola en una salsa de natillas ligera y espumosa, cocida sobre una cazuela de agua hirviendo a fuego lento. Elija frutas maduras para que tengan la máxima dulzura natural.

175 g o 4 albaricoques frescos, sin hueso y cortados en rodajas

200 g de fresas, cortadas por la mitad o en cuartos, según el tamaño

150 g de uvas rojas, sin pepitas, cortadas por la mitad si son grandes

2 kiwis, pelados y cortado cada uno en 8 rodajas largas y finas

2 yemas de huevo

25 g de azúcar extrafino

5 cucharadas de zumo espumoso de uvas blancas y flores de saúco

azúcar para escarchados

1 Repartir la fruta entre 4 platos de horno poco profundos.

2 Llenar una cazuela de agua hasta la mitad, ponerla a hervir y colocar un cuenco grande encima, comprobando que el fondo del cuenco no toque el agua.

3 Añadir al cuenco las yemas de huevo, el azúcar y el zumo, y batir durante 4-5 minutos, hasta que la mezcla esté muy espesa y espumosa y deje un rastro al pasar el batidor.

4 Verter las natillas espumosas sobre la fruta y colocar bajo un gratinador precalentado durante 1-2 minutos, hasta que se doren. Espolvorear un poco de azúcar en polvo y servir inmediatamente.

Valores nutritivos

kilocalorías 315 (1325 Kj)

grasa 4 g

proteína 11 g

hidratos de carbono 43 g

Buena fuente de betacaroteno

Preparación

25 minutos, más leudado

Tiempo de cocción

20 minutos

Raciones

6

 SUGERENCIA

Las ciruelas aportan betacaroteno y el carotenoide criptoxantina. Si las ciruelas son muy dulces, se reduce a la mitad la cantidad de azúcar. Servir con *fromage frais* para añadir más calcio.

blinis de trigo sarraceno con compota de ciruelas rojas y canela

Estos delicados crepes leudados se hacen con una mezcla de harina blanca y de trigo sarraceno y se cuecen de manera similar a los scones. Se sirven calientes, recubiertos de cucharadas de compota de ciruelas con canela y queso fresco.

250 g de harina de trigo sarraceno

125 g de harina blanca corriente

una pizca de sal

1 cucharadita de levadura seca de acción rápida

300 ml de leche semidesnatada

150 ml de agua, más 3 cucharadas aparte

1 huevo, batido

aceite, para engrasar

queso fresco, para servir

COMPOTA DE CIRUELAS
500 g de ciruelas rojas maduras, sin hueso y cortadas en rodajas

50 g de azúcar extrafino

¼ de cucharadita de canela en polvo

2 cucharadas de agua

1 Poner las harinas, la sal y la levadura en un cuenco y mezclar. Calentar la leche y el agua en una cazuela pequeña. Echar poco a poco la harina, removiendo.

2 Tapar el cuenco con papel de cocina y dejar en un lugar caldeado 1 hora hasta que la masa suba y burbujee.

3 Para la compota, poner las ciruelas en una cazuela con azúcar, canela y agua. Tapar y cocer suavemente durante 5 minutos, hasta que estén tiernas. Retirar.

4 Mezclar con la masa el huevo batido y 3 cucharadas de agua caliente, removiendo. Calentar una plancha o sartén grande, ligeramente engrasada, y echar cucharadas de la mezcla de blini. Cocinar durante 2-3 minutos hasta que se doren por debajo. Darles la vuelta y cocinar el otro lado.

6 Mantener calientes los blinis con papel de cocina. Añadir aceite a la sartén hasta usar toda la mezcla.

7 Recalentar la compota. Repartir los blinis en 6 platos, cubrirlos con la compota caliente y cucharadas de queso fresco, echando un poco del jugo de la compota sobre este.

Valores nutritivos

kilocalorías 385 (1600 Kj)

grasa 20 g

proteína 15 g

hidratos de carbono 37 g

Buena fuente de vitamina C

Preparación

20 minutos, más

congelación

Tiempo de cocción

2-2½ horas

Raciones

4

✚ **SUGERENCIA**

La leche es una excelente fuente de calcio y vitamina D, y sirve para hacer deliciosos helados. La fruta es una valiosa fuente de antioxidantes, betacaroteno y bioflavonoides.

kulfi de pistachos con papaya

Este popular helado indio está delicadamente condimentado con cardamomo y pistachos. Como la leche, se prepara hirviendo despacio hasta reducirla a un tercio de su volumen original, es mucho más saludable que los helados europeos.

1,5 l de leche con toda su grasa

3 vainas de cardamomo, algo machacadas

2 cucharadas de azúcar extrafino

50 g de pistachos, pelados y picados, y unos pocos más para adornar

PARA ADORNAR
1 papaya

½ granada (optativa)

1 Echar la leche en una cazuela grande y hacerla hervir. Añadir las vainas de cardamomo y sus semillas negras, reducir el calor y cocer a fuego lento durante 2-2 ½ horas, hasta que la leche se haya reducido a unos 450 ml.

2 Pasar la leche por un colador, añadir el azúcar y dejar enfriar.

3 Añadir los pistachos a la leche y después verter la mezcla en 4 moldes altos y finos. Congelar toda la noche hasta que esté firme.

4 Para servir, cortar la papaya por la mitad, quitar las semillas negras y pelarla. Cortarla en rodajas finas y ponerlas en un cuenco. Partir la granada en trozos grandes y quitar las semillas rosas. Echarlas al cuenco, taparlo y refrigerar hasta que se necesite.

5 Para hacer el kulfi, se sumergen los moldes en agua recién hervida, se cuenta hasta 10 y se vuelcan rápidamente los moldes sobre los platos. Se retiran los moldes y se limpian los platos con papel de cocina si es necesario. Se coloca la fruta alrededor y se adorna con más pistachos, cortados en virutas finas.

Valores nutritivos

kilocalorías 230 (970 Kj)

grasa 3 g

proteína 6 g

hidratos de carbono 49 g

Buena fuente de fibra

Preparación

20 minutos

Tiempo de cocción

5 minutos

Raciones

4

+ SUGERENCIA

El zumo de uva es zumo de fruta puro y representa una buena alternativa a los de manzana o naranja. Las uvas, blancas o negras, son una buena fuente de antioxidantes y un delicioso añadido a este postre bajo en grasa.

peras especiadas con ratafías

Este postre ligero y sin grasa se sazona delicadamente con especias de vino y se cuece en zumo de uvas tintas, de dulzura natural. Se cubre con cucharadas de queso fresco mezclado con galletas de almendra desmenuzadas.

4 peras maduras (Comice o Williams)

450 ml de zumo de uvas rojas sin endulzar

1 palo de canela, partido por la mitad

¼ de cucharadita de nuez moscada molida

la peladura de una naranja

2 cucharadas de azúcar mascabado ligero

4 cucharaditas de harina de maíz

50 g de galletas de almendra, desmenuzadas

200 g de queso fresco bajo en grasa

1 Pelar las peras, dejando los rabos. Cortarlas por la mitad, a través de los rabos. Quitar los centros con una cucharilla.

2 Poner las peras en una cazuela con el zumo de uva, las especias, la corteza de naranja y el azúcar. Calentar suavemente durante 5 minutos, hasta ablandarlas. Dejar a un lado para que se desarrollen los sabores.

3 Sacar las peras de la cazuela y apartarlas. Tirar la peladura de naranja. Mezclar en un cuenco la harina de maíz con un poco de agua, formando una pasta uniforme. Verterla en el zumo de uva especiado y llevarlo todo a ebullición, removiendo hasta que esté espeso y uniforme. Añadir las peras para calentarlas.

4 Mezclar las migas de galleta con el *fromage frais*. Repartir las peras en 4 platos y añadir cucharadas de la mezcla de queso fresco.

Valores nutritivos
kilocalorías 280 (1185 Kj)
grasa 7 g
proteína 11 g
hidratos de carbono 45 g
Buena fuente de calcio

Preparación
25 minutos
Tiempo de cocción
40 minutos
Raciones
4

 **SUGERENCIA**

Hemos adaptado un postre tradicional añadiendo bayas y corteza de limón, que contiene flavonoides y terpenoides, que son compuestos protectores.

reina de los puddings

Antiguo postre inglés, de maravilloso sabor pero bajo en grasa. Tradicionalmente, se hace con una capa de mermelada; aquí se mezcla un poco de mermelada con arándanos frescos para reducir las calorías y aumentar el contenido de vitaminas.

450 g de leche semidesnatada

50 g de miga de pan fresca

la corteza rallada de 2 limones

100 g de azúcar extrafino

3 huevos, separados

2 cucharadas de mermelada de cerezas o fresas

100 g de arándanos

1 Echar la leche en una cazuela y llevar a ebullición. Retirar del calor y añadir las migas de pan, la corteza de limón y 2 cucharadas de azúcar.

2 Dejar que la mezcla se enfríe unos minutos, y después echar y batir, una a una, las yemas de huevo. Verter la mezcla en un molde para hornear pasteles de 1,2 l, y dejar reposar 10 minutos.

3 Meter las natillas al limón en un horno precalentado a 180 ºC (marca 4), durante 20-25 minutos, hasta que cuajen y empiecen a dorarse.

4 Reducir la temperatura del horno a 160 ºC (marca 3). Batir las claras de huevo en un cuenco grande hasta formar una espuma firme. Añadir y batir poco a poco el azúcar restante, cucharadita a cucharadita. Cuando se haya añadido todo el azúcar, batir durante 1-2 minutos hasta que el merengue queda espeso y reluciente.

5 Salpicar las natillas al limón con la mermelada y los arándanos. Con una cuchara, aplicar el merengue sobre los arándanos y remover. Volver a meter el molde en el horno y cocinar 15 minutos, hasta que el merengue adquiera color de galleta clara. Servir caliente o frío.

Valores nutritivos

kilocalorías 95 (405 Kj)

grasa 0 g

proteína 2 g

hidratos de carbono 23 g

Preparación

15 minutos, más

refrigeración

Tiempo de cocción

4-5 minutos

Raciones

6

 SUGERENCIA

Las frutas congeladas tienen el mismo valor nutritivo que las frescas y son mucho más baratas cuando no es temporada. Las bayas rojas están repletas de flavonoides.

terrina de bayas rojas

No todas las comidas rápidas son malas. Aquí hemos mezclado un paquete de bayas congeladas con un cartón de zumo puro de uva sin endulzar, y añadido un poco de gelatina para hacer un postre sencillo de frutas, rico en vitaminas y calorías.

450 ml de zumo de uvas sin endulzar

2 bolsitas de 12 g de gelatina en polvo

50 g de azúcar extrafino

una bolsa de 500 g de bayas surtidas congeladas

más frutas, frescas o descongeladas, para adornar (optativo)

1 Medir 150 ml de zumo de uva y echarlo en un cuenco. Añadir la gelatina, procurando que el zumo absorba todo el polvo. Dejar aparte durante 5 minutos.

2 Colocar el cuenco sobre una cazuela de agua hirviendo a fuego lento y calentarlo suavemente durante 4-5 minutos, hasta que la gelatina se disuelva por completo.

3 Añadir el azúcar a la mezcla de gelatina, y echar el resto del zumo de uva.

4 Poner las frutas congeladas en un molde de pan de 1 kg, y cubrirlas con la mezcla de zumo caliente. Mezclar bien y meter en el frigorífico durante 3 horas, hasta que cuaje y las frutas se hayan descongelado del todo.

5 Para servir, meter el molde en agua recién hervida, contar hasta 10, aflojar el borde de la gelatina y volcar sobre un plato de servir. Si se desea, decorar con unas cuantas frutas más y servir la gelatina cortada en rebanadas gruesas.

Valores nutritivos

kilocalorías 75 (310 Kj)

grasa 4 g

proteína 1 g

hidratos de carbono 9 g

Preparación

15 minutos

Tiempo de cocción

6-8 minutos

Raciones

12

➕ **SUGERENCIA**

Dos tartas equivalen a una porción de fruta, y los arándanos contienen valiosos flavonoides. Aumente la ingesta de calcio sirviéndolas con *fromage frais* o helado de yogur.

mini tartas de nectarina y arándanos

Estas tartitas se hacen con láminas de pasta filo, a las que se dan ligeros brochazos de mantequilla y aceite antes de hornearlas. Aun con la mantequilla, tienen mucha menos grasa que las que se hacen con masa quebrada.

25 g de mantequilla, derretida

2 cucharaditas de aceite de oliva

4 láminas de pasta filo, de 30 x 18 cm cada una (65 g de peso total)

2 cucharadas de mermelada de bayas rojas baja en azúcar

el zumo de media naranja

4 nectarinas maduras, deshuesadas y cortadas en rodajas

150 g de arándanos

azúcar para espolvorear

queso fresco o helado de yogur, para servir

1 Calentar la mantequilla y el aceite en una cazuela pequeña, hasta que la mantequilla se derrita.

2 Separar las láminas de pasta. Aplicar ligeros brochazos de la mezcla de mantequilla y después cortarlas en 24 pedazos, cada uno de 10 x 8 cm.

3 Colocar un pedazo en cada sección de un molde para bollos de 12 agujeros profundos. Después, añadir un segundo trozo, oblicuo al primero, para que quede un borde picudo.

4 Cocinar en un horno precalentado a 180 ºC (marca 4), durante 6-8 minutos, hasta que se doren. Mientras tanto, calentar la mermelada y el zumo de naranja en una cazuela, añadir las nectarinas y los arándanos y calentarlo todo.

5 Sacar con cuidado la pasta de los moldes y ponerla en un plato de servir. Rellenarla con la fruta caliente y espolvorear azúcar. Servir con cucharadas de queso fresco o helado de yogur.

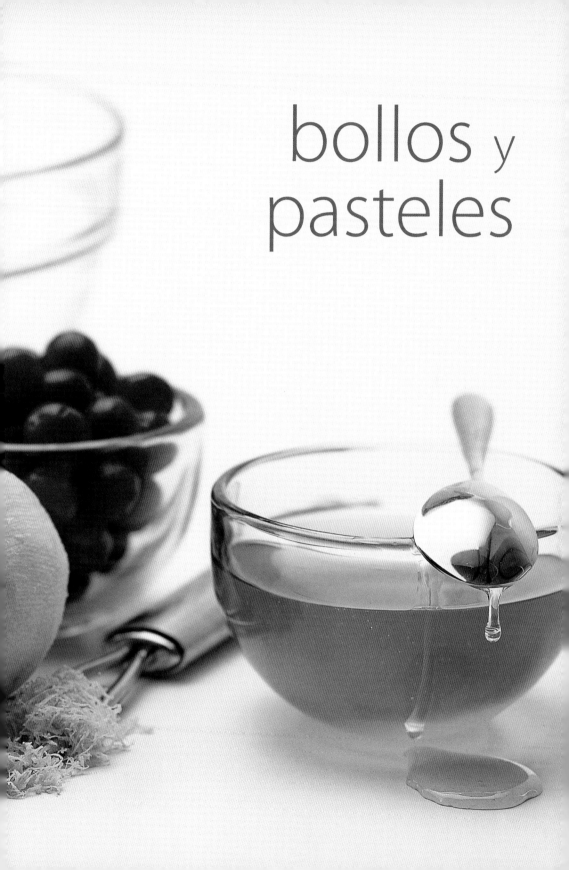

bollos y pasteles

Valores nutritivos

kilocalorías 185 (780 Kj)

grasa 11 g

proteína 5 g

hidratos de carbono 20 g

Buena fuente de vitamina E

Preparación

30 minutos

Tiempo de cocción

25-30 minutos

Porciones

18

 **SUGERENCIA**

La mezcla de harina integral, germen de trigo y fruta da como resultado un pastel rico en betacaroteno, vitamina E y otros carotenoides. Una rebanada equivale a una porción diaria de almidón.

pastel de germen de trigo y zanahoria con especias

Nadie sospecharía que este pastel ligero y jugoso contiene muy poca grasa y azúcar. Delicadamente especiado con canela y jengibre glas, se recubre con crema de queso y más especias.

200 g de zanahorias, ralladas

1 manzana de postre, rallada

la cáscara rallada de ½ naranja

2 cucharadas de jengibre en polvo

150 ml de aceite de girasol

3 huevos, batidos

3 cucharadas de germen de trigo

125 g de azúcar mascabado

200 g de harina integral con levadura

2 cucharadas de polvo de hornear

1 cucharada de canela en polvo

ESCARCHADO
200 g de queso cremoso

1 cucharada de miel espesa

2 cucharadas de zumo de naranja

canela en polvo para adornar

1 Forrar una bandeja de horno pequeña, de 18 x 28 x 5 cm, con una hoja grande de papel no adherente para horno, remetiendo las esquinas para que encaje bien con la base y las paredes de la bandeja.

2 Poner en un cuenco las zanahorias, manzana y cáscara de naranja, y mezclar con el jengibre, aceite y huevos.

3 Añadir todos los ingredientes secos y mezclar bien. Echar la mezcla en la bandeja de horno, nivelar la superficie y cocinar en un horno precalentado a 180 ºC (marca 4) durante 25-30 minutos, hasta que la masa suba y la superficie se recupere al apretarla con el dedo.

4 Dejar enfriar el pastel en la bandeja. Después, sacarla y quitar el papel.

5 Batir juntos el queso cremoso y la miel. Ir añadiendo poco a poco el zumo de naranja para formar un glaseado blando que se extienda bien. Aplicar con cuchara sobre el pastel, alisar con el dorso de la cuchara y espolvorear un poco de canela en polvo. Cortar en 18 trozos para servir. Lo que sobre, se guarda en el frigorífico, tapado con papel de aluminio. Debe consumirse antes de dos días.

Valores nutritivos

kilocalorías 240 (1160 Kj)

grasa 5 g

proteína 6 g

hidratos de carbono 46 g

Buena fuente de fibra

Preparación

25 minutos, más remojo

Tiempo de cocción

1 hora y cuarto

Porciones

12-14 rebanadas

 **SUGERENCIA**

Es una buena manera de hacer que la familia coma más fibra sin darse cuenta. También es una buena fuente de minerales, como el calcio y el hierro.

pastel de frutas variadas con salvado

Tiene el aspecto y el sabor de un pastel de frutas tradicional, pero está repleto de fibra y es bajo en grasa. Como se conserva bien en una lata, este pastel es ideal para cortar trozos en el desayuno o para aplacar el apetito a media mañana.

175 g de cereal para desayuno a base de salvado de trigo rico en fibra

375 g de frutas pasas surtidas

450 ml de zumo de manzana o de uva

150 g de azúcar mascabado claro

175 g de harina con levadura

2 cucharaditas de polvo de hornear

1 cucharadita de canela en polvo

½ cucharadita de nuez moscada molida

el zumo y la cáscara rallada de una naranja

2 huevos batidos

50 g de pacanas

1 Poner en un cuenco el cereal y las pasas, echar encima el zumo de uva o manzana y dejar en remojo 30 minutos.

2 Forrar con papel no adherente la base y las paredes de una bandeja de horno redonda de 20 cm de diámetro.

3 Mezclar en un cuenco los ingredientes secos. Añadir al cereal en remojo el zumo y la cáscara de naranja, y después combinar la mezcla con los ingredientes secos y los huevos.

4 Ponerlo todo en la bandeja preparada, nivelar la superficie y colocar encima las pacanas.

5 Cocinar en un horno precalentado a 160 ºC (marca 3) durante 1 hora y cuarto, o hasta que la masa haya subido y una brocheta clavada en el centro del pastel salga limpia. Comprobar el pastel al cabo de 20 minutos, y cubrirlo con papel de aluminio si las pacanas parecen tostarse demasiado deprisa.

6 Dejar enfriar el pastel. Sacarlo después de la bandeja, despegar el papel y servir cortado en trozos. Lo que sobre se puede guardar en una lata hermética hasta una semana.

Valores nutritivos

kilocalorías 150 (640 Kj)

grasa 8 g

proteína 8 g

hidratos de carbono 14 g

Contiene betacaroteno

Preparación

35 minutos

Tiempo de cocción

15-20 minutos

Porciones

8 rebanadas

 SUGERENCIA

Reducir la ingesta de grasas saturadas puede resultar difícil, sobre todo si te gustan los pasteles. Sin embargo, la grasa de este pastel procede sobre todo de las almendras molidas y es monoinsaturada.

pastel de almendras y albaricoque

Este bizcocho esponjoso, relleno de puré de albaricoque y cremoso queso fresco, es perfecto para cualquier merienda. A diferencia del bizcocho tradicional, no lleva mantequilla, se le da sabor con almendras molidas y tiene mucha menos grasa.

4 huevos

125 g de azúcar extrafino

½ cucharadita de esencia de almendra

50 g de harina corriente

75 g de almendras molidas

2 cucharadas de almendras laminadas

azúcar en polvo, para espolvorear

RELLENO DE ALBARICOQUES
125 g de albaricoques secos

150-200 g de agua o zumo de manzana

125 g de queso fresco bajo en grasa

1 Poner en un cuenco los huevos, el azúcar y la esencia de almendra; batir hasta que quede espeso y espumoso.

2 Con un colador, echar la harina en el cuenco; mezclar la harina y las almendras molidas con la mezcla de huevo.

3 Repartir la mezcla entre dos bandejas de horno redondas de 18 cm, engrasadas y forradas con papel a prueba de grasa. Inclinar las bandejas para nivelar la superficie. Esparcir almendras laminadas sobre uno de los pasteles.

4 Cocinar en un horno precalentado a 180 ºC (marca 4) durante 15-20 minutos, hasta que los pasteles hayan subido, estén dorados y recuperen la forma al apretarlos con un dedo. Enfriar 10 minutos, aflojar los bordes con un cuchillo, sacar los pasteles y enfriarlos en una rejilla. Despegarlos.

5 Poner los albaricoques en una cazuela pequeña con el agua o el zumo de manzana. Tapar y cocer 10 minutos. Hacerlos puré con una batidora. Dejar enfriar.

6 Poner el pastel sin almendras laminadas en un plato de servir. Extender por encima el puré de albaricoque y el queso fresco. Añadir el segundo pastel, con las almendras por encima, y espolvorear azúcar. Cortar en rebanadas y servir.

Valores nutritivos

kilocalorías 275 (1160 Kj)

grasa 10 g

proteína 7 g

hidratos de carbono 42 g

Moderada fuente de fibra

Preparación

25 minutos

Tiempo de cocción

1 hora y cuarto

Porciones

10 rebanadas

 SUGERENCIA

Los arándanos rojos son ricos en potasio, betacaroteno y vitamina C, y contienen antioxidantes naturales, como la quercetina.

pastel de arándanos, miel y plátano

Este pastel es fácil de hacer y se conserva bien. Se puede servir en rebanadas o añadir al almuerzo. Aquí hemos utilizado arándanos secos, pero se puede experimentar añadiendo diferentes tipos de pasas.

50 g de margarina vegetal o mantequilla

125 g de azúcar mascabado claro

3 cucharadas de aceite de girasol

3 huevos

500 g de plátanos, pesados con la piel (unos 4)

250 g de harina integral con levadura

75 g de copos de cebada

75 g de arándanos secos

1 Forrar un molde para pan de 1 kg con papel de horno no adherente, remetiendo las esquinas para que encaje bien con la base y las paredes.

2 Derretir la margarina o mantequilla y echarla en un cuenco grande. Añadir el azúcar, el aceite y los huevos, y mezclar con un tenedor.

3 Machacar los plátanos en un plato y añadir la mezcla de azúcar y huevo, la harina y los copos de cebada, excepto dos cucharadas. Mezclar bien y añadir los arándanos secos.

4 Echar la mezcla en el molde preparado, nivelar la superficie y esparcir por encima los copos de cebada restantes. Cocinar en un horno precalentado a 180 ºC (marca 4) durante una hora u hora y cuarto, hasta que la masa haya subido y la superficie se agriete, o hasta que se pueda insertar una brocheta y salga limpia. Comprobar a los 30 minutos y tapar con papel de aluminio si parece que la superficie se tuesta demasiado deprisa.

5 Dejar enfriar el pastel en el molde. Aflojarlo, sacarlo y despegar el papel. Cortar en rebanadas gruesas y servir. Se puede guardar en una lata hermética hasta 4 días.

Valores nutritivos
kilocalorías 220 (935 Kj)
grasa 10 g
proteína 5 g
hidratos de carbono 31 g

Preparación
15 minutos
Tiempo de cocción
18-20 minutos
Porciones
12

 **SUGERENCIA**
Cada bollito contiene compuestos potencialmente protectores: bioflavonoides de los arándanos y terpenoides de la corteza rallada de limón.

bollitos de arándanos y limón

Estos ligeros bollitos de fruta es mejor servirlos recién salidos del horno. Se pueden congelar en una bolsa de plástico o en una caja. Se descongelan a temperatura ambiente y después se calientan en un horno o microondas.

175 g de harina de cebada o de granero

125 g de harina corriente

3 cucharaditas de polvo de hornear

125 g de azúcar mascabado claro

200 g de arándanos

el zumo y la corteza rallada de un limón

4 cucharadas de aceite de oliva o de girasol

50 g de margarina vegetal o mantequilla, derretida

3 huevos, batidos

150 ml de leche semidesnatada

GLASEADO DE LIMÓN (OPTATIVO)
125 g de azúcar para glasear, tamizado

el zumo de medio limón

1 Poner en un cuenco las harinas, el polvo de hornear, el azúcar y los arándanos, y mezclar bien. Los demás ingredientes se echan en un tarro y se mezclan con un tenedor. Añadirlo a los ingredientes secos y mezclarlo todo con el tenedor.

2 Repartir la mezcla en moldes de papel para magdalenas y colocarlos en los huecos de un molde metálico de 12 agujeros. Cocinar en un horno precalentado a 190 ºC (marca 5) durante 18-20 minutos, hasta que la masa haya subido y la superficie se agriete. Dejar enfriar 15 minutos en el molde metálico.

3 Para el glaseado, echar el azúcar en un cuenco y mezclar poco a poco con el zumo de limón hasta que quede uniforme y se pueda manejar con cuchara. Sacar los bollos del molde metálico y echar encima el glaseado en líneas trazadas al azar. Dejar que se endurezca un poco y servir los bollos aún calientes.

índice

referencias bibliográficas

Este libro ha sido escrito con el apoyo de una fundación científica, The Royal Marden Hospital en Londres, Reino Unido, especializada en la investigación y el tratamiento del cáncer. Las siguientes fuentes proporcionaron, además, información recogida en el libro:

Food, Nutrition and the Prevention of Cancer: A Global Perpective
(Alimentación, nutrición y la prevención de cáncer: una perspectiva global)
World Cancer Research Fund (Fondo Mundial para la investigación sobre el cáncer) en asociación con el American Institute for Cancer Research (Instituto Americano para la investigación del cáncer) de Washington, 1997.

Nutrional Aspects of the Developement of Cancer
(Aspectos nutritivos para el desarrollo del cáncer)
Informe del grupo de trabajo sobre dieta y cáncer del Comité sobre aspectos médicos de la política de alimentos y nutrición. Informe 48 sobre salud y aspectos sociales. Departamento de Salud, Londres, Reino Unido, 1998.

Diet, Nutrition and the Prevention of Chronic Disease
(Dieta, nutrición y la prevención de enfermedades crónicas)
Informe técnico serie 916 de la OMS (Organización Mundial de la Salud). Informe conjunto de la OMS y la FAO, Ginebra, 2003.

The Soil Association
www.soilassociation.org

agradecimientos

Editora ejecutiva: Nicola Hill
Edición del proyecto: Kate Tuckett
Edición de arte: Rozelle Bentheim
Diseño: Beverly Price, one2six creative
Búsqueda iconográfica: Jennifer Veall

créditos de imágenes

Fotografías especiales: © Octopus Publishing Group/William Lingwood

Otras fotografías: Octopus Publishing Group Limited/Frank Adam, p. 22/Jean Cazals, p. 25 abajo derecha/Stephen Conroy, p. 17 centro/Sandra Lane, p. 23 arriba/ Getty Images, p. 27 abajo derecha, p. 28 abajo izquierda, p. 29 abajo derecha.

En esta misma colección:

Juliette Kellow · Recetas de **Sara Lewis**

616.9940654 S534   HMNTW
Shaw, Clare.
Dieta sana contra el ca¦üncer /

MONTROSE
05/10

~~Friends of the~~
~~Houston Public Library~~

Juliette Kellow y Sara Lewis
Dieta sana contra el colesterol
ISBN: 978-84-253-4190-8